QUICK AND EASY

ELISABETH PRESCHER

QUICK AND EASY

PALAVRAS ESSENCIAIS PARA AMPLIAR O SEU VOCABULÁRIO EM INGLÊS

DISAL EDITORA

Preparação de texto: Rosana Martinelli / Verba Editorial

Capa e Projeto gráfico: Paula Astiz
Editoração Eletrônica: Laura Lotufo / Paula Astiz Design
Assistente Editorial: Aline Naomi Sassaki

Dados Internacionais de Catalogação na Publicação (CIP)
(Câmara Brasileira do Livro, SP, Brasil)

Prescher, Elisabeth

Quick and easy : palavras essenciais para ampliar o seu vocabulário em inglês / Elisabeth Prescher. — Barueri, SP : DISAL, 2017.

ISBN 978-85-7844-188-3

1. Inglês – Vocabulários, glossários etc – Português I. Título.

16-01508 CDD-423.69

Índices para catálogo sistemático:
1. Inglês-português : Vocabulários : Linguística 423.69

DISAL EDITORA

Alameda Mamoré 911 – cj. 107
Alphaville – BARUERI – SP
CEP: 06454-040
Tel. / Fax: (11) 4195-2811
Visite nosso site: www.disaleditora.com.br
Televendas: (11) 3226-3111

Fax gratuito: 0800 7707 105/106
E-mail para pedidos: comercialdisal@disal.com.br

ADJECTIVES

ADVERBS

INTERJECTIONS

NOUNS

VERBS

MISCELLANEOUS

Para facilitar sua consulta, apresentamos ao menos uma tradução para as palavras listadas. Quando em dúvida, consulte seu dicionário.

ADJECTIVES

TOP ADJECTIVES

Adjetivos são palavras que descrevem ou qualificam substantivos e pronomes. Os mais frequentes são apresentados a seguir, por tipo. Para uma lista mais completa, consulte **List of Adjectives** (p. 13).

APPEARANCE (aparência)

adorable (adorável)
aggressive (agressivo)
alert (alerta)
attractive (atraente)
average (médio)
beautiful (belo)
bloody (sangrento)
blue-eyed (de olhos azuis)
blushing (corado)
bright (brilhante)
clean (limpo)
clear (claro)
cloudy (nublado)
colorful (colorido)
crowded (lotado)
cute (adorável)
dark (escuro)
distinct (distinto)
drab (não colorido)
dull (desinteressante)
elegant (elegante)
excited (entusiasmado)
fancy (adornado)
filthy (imundo)
glamorous (glamoroso)
gleaming (brilhante)
gorgeous (deslumbrante)
graceful (gracioso)
grotesque (grotesco)
handsome (bonito)
homely (caseiro)
light (leve)
long (longo)
magnificent (suntuoso)
misty (nebuloso)
motionless (imóvel)
muddy (lamacento)
old-fashioned (antiquado)
plain (simples)
poised (equilibrado)
precious (precioso)
quaint (singular)
shiny (brilhante)
smoggy (enevoado)
sparkling (brilhante)
spotless (impecável)
stormy (tempestuoso)
strange (estranho)
ugly (feio)
unusual (incomum)
wide-eyed (de olhos arregalados)

COLOR (cor)

almond (amêndoa)
amber (âmbar)
apple green (maçã-verde)
aqua (água)
aquamarine (água-marinha)
baby blue (azul-bebê)
beige (bege)
black (preto)
blond (louro)
blue (azul)
blue violet (azul-violeta)
bronze (bronze)
brown (marrom)
carmine (carmim)
cerise (cereja)
charcoal (carvão)
chocolate (chocolate)
citrine (citrino)
cobalt (cobalto)
coffee (café)
coral (coral)
cream (creme)
dark... (...escuro)
eggplant (berinjela)
eggshell (casca de ovo)
emerald (esmeralda)
fuchsia (fúcsia)
gold (dourado)
gray (cinza)
green (verde)
ivory (marfim)
jasmine (jasmim)
lapis lazuli (lápis-lazúli)
lavender (lavanda)
lemon (limão)
light... (...claro)
lilac (lilás)
lime (lima)
magenta (magenta)
mahogany (mogno)
mauve (malva)
melon (melão)
mint (menta)
mustard (mostarda)
navy blue (azul-marinho)
ochre (ocre)
olive (oliva)
onyx (ônix)
orange (laranja)
orchid (orquídea)
pale... (...pálido)
pastel... (...pastel)
peach (pêssego)
pearl (pérola)
pink (cor-de-rosa)
platinum (platinado)
plum (ameixa)
pumpkin (abóbora)
purple (roxo)
raspberry (framboesa)
red (vermelho)
rose (rosa)
royal... (...real)
saffron (açafrão)
salmon (salmão)
sand (areia)
sapphire (safira)
scarlet (escarlate)
sepia (sépia)
sienna (marrom-avermelhado)
silver (prata)
snow (neve)
tangerine (tangerina)
tomato (tomate)
topaz (topázio)
turquoise (turquesa)
vanilla (baunilha)
violet (violeta)
white (branco)
wine (vinho)
yellow (amarelo)
zaffre (safre)

CONDITION (condição)

alive (vivo)
annoying (irritante)
bad (ruim)
beautiful (belo)
better (melhor)
brainy (inteligente)
breakable (quebrável)
busy (ocupado)
careful (cuidadoso)
cautious (cauteloso)
clever (inteligente)
clumsy (desajeitado)
concerned (preocupado)
crazy (louco)
curious (curioso)
dead (morto)
deceitful (enganador)
different (diferente)
difficult (difícil)
doubtful (duvidoso)
easy (fácil)

expensive (caro)
famous (famoso)
fragile (frágil)
gifted (talentoso)
helpful (útil)
helpless (inútil)
horrible (horrível)
important (importante)
impossible (impossível)
inexpensive (barato)
innocent (inocente)
inquisitive (investigador)
modern (modern)
mushy (mole)
odd (ímpar)
open (aberto)
outstanding (excepcional)
poor (pobre)
powerful (poderoso)
prickly (espinhoso)
puzzled (intrigado)
real (real)
rich (rico)
shy (tímido)
sleepy (sonolento)
stupid (estúpido)
super (super)
talented (talentoso)
tame (domesticado)
tender (macio)
tough (duro)
vast (vasto)
wandering (perambulante)
wild (selvagem)
wrong (errado)

FEELINGS: NEGATIVE (sentimentos: negativos)

angry (furioso)
annoyed (contrariado)
anxious (ansioso)
arrogant (arrogante)
ashamed (envergonhado)
awful (terrível)
bad (mau)
bewildered (perplexo)
bored (entediado)
clumsy (desajeitado)
combative (combativo)
condemned (condenado)
confused (confuso)
crazy (doido)
creepy (horripilante)
cruel (cruel)
dangerous (perigoso)
defeated (derrotado)
defiant (insolente)
depressed (deprimido)
disgusted (enojado)
disturbed (perturbado)
dizzy (tonto)
dull (tedioso)
embarrassed (envergonhado)
envious (invejoso)
evil (ruim)
fierce (feroz)
foolish (tolo)
frantic (desvairado)
frightened (assustado)
grieving (aflito)
grumpy (rabugento)
helpless (impotente)
homeless (sem-teto)
hungry (faminto)
hurt (ferido)
ill (doente)
itchy (pruriente)
jealous (enciumado)
jittery (tenso)
lazy (preguiçoso)
lonely (solitário)
mysterious (misterioso)
nasty (desagradável)
naughty (malcriado)
nervous (nervoso)
nutty (doido)
obnoxious (odioso)
outrageous (ultrajante)
panicky (assustado)
repulsive (repulsivo)
scary (assustador)
selfish (egoísta)
sore (dolorido)
tense (tenso)
terrible (terrível)
testy (mal-humorado)
tired (cansado)
troubled (apreensivo)
upset (aborrecido)
uptight (irritado)
weary (fatigado)
wicked (malvado)
worried (preocupado)

FEELINGS: POSITIVE (sentimentos: positivos)

agreeable (agradável)
amused (entretido)
brave (valente)
calm (calmo)
charming (charmoso)
cheerful (alegre)
comfortable (confortável)
cooperative (cooperativo)
courageous (corajoso)
delightful (prazeroso)
determined (determinado)
eager (ávido)
elated (exultante)
enchanting (encantador)
encouraging (encorajador)
energetic (energético)
enthusiastic (entusiasmado)
excited (empolgado)
exuberant (exuberante)
fair (justo)
faithful (fiel)
fantastic (fantástico)
fine (ótimo)
friendly (amigável)
funny (divertido)
gentle (suave)
glorious (glorioso)
good (bom)
happy (feliz)
healthy (saudável)
helpful (útil)
hilarious (hilariante)
jolly (alegre)
joyous (alegre)
kind (gentil)
lively (animado)
lovely (adorável)
lucky (afortunado)
nice (bom)
obedient (obediente)
perfect (perfeito)
pleasant (agradável)
proud (orgulhoso)
relieved (aliviado)
silly (tolo)
smiling (sorridente)
splendid (esplêndido)
successful (bem-sucedido)
thankful (agradecido)
victorious (vitorioso)
vivacious (vivaz)
witty (espirituoso)
wonderful (maravilhoso)
zany (simplório)
zealous (zeloso)

QUANTITY (quantidade)

abundant (abundante)
all (todo)
ample (amplo)
any (algum)
considerable (considerável)
copious (abundante)
countless (inumerável)
empty (vazio)
enough (suficiente)
few (poucos)
full (cheio)
heavy (pesado)
large (grande)
less (menos)
light (leve)
limited (limitado)
little (pouco)
many (muitos)
measly (escasso)
mere (mero)
much (muito)
multiple (múltiplo)
no (nenhum)
numerous (abundante)
one, two etc. (um, dois etc.)
paltry (irrisório)
plentiful (amplo)
profuse (profuso)
several (vários)
some (algum)
sparse (escasso)
substantial (substancioso)

SHAPE (forma)

broad (amplo)
chubby (gorducho)
circular (circular)
concave (côncavo)
crested (cristado)
crooked (torto)
curly (ondulado)
curved (curvo)
depressed (rebaixado)
deep (fundo)
elliptical (elíptico)
flat (plano)
high (alto)
hollow (oco)
long (longo)
low (baixo)
narrow (estreito)
octagonal (octagonal)
oval (oval)
parallel (paralelo)
pointed (agudo)
rectangular (retangular)
round (redondo)
shallow (raso)
sharp (afiado)
skinny (magro)
slim (delgado)
spherical (esférico)
square (quadrado)
steep (inclinado)
straight (reto)
triangular (triangular)
wide (largo)

SIZE (tamanho)

big (grande)
boundless (ilimitado)
bulky (volumoso)
chunky (troncudo)
colossal (colossal)
compact (compacto)
corpulent (corpulento)
curvy (curvo)
endless (infinito)
enormous (enorme)
extensive (vasto)
fat (gordo)
gargantuan (gigantesco)
gaunt (abatido)
giant (gigante)
gigantic (gigantesco)
grand (grande)
great (grande)
heavy (pesado)
huge (enorme)
immense (imenso)
large (grande)
limitless (ilimitado)
little (pequeno)
mammoth (gigantesco)
massive (maciço)
meager (parco)
medium (médio)
mega (mega)
microscopic (microscópico)
mini (mini)
miniature (miniatural)
miniscule (minúsculo)
minute (mínimo)
narrow (apertado)
outsized (grande)
oversize (enorme)
petite (miúdo)
puny (diminuto)
scanty (exíguo)
scrawny (esquelético)
short (curto)
skeletal (esquelético)
small (pequeno)
tall (alto)
teeny (miudinho)
thick (grosso)
thin (fino)
tiny (pequenino)
undersized (pequenino)
unlimited (ilimitado)
tremendous (tremendo)
vast (vasto)
wide (largo)

TASTE, TOUCH (paladar, tato)

bitter (amargo)
bland (insosso)
boiling (fervente)
breezy (fresco)
broken (quebrado)
bumpy (esburacado)
chilly (friozinho)
cold (frio)
cool (fresco)
creepy (repugnante)
crooked (torto)
cuddly (aconchegante)
curly (ondulado)
damaged (estragado)
damp (úmido)
delicious (delicioso)
dirty (sujo)
dry (seco)
dusty (empoeirado)
filthy (imundo)
flaky (flocoso)
fluffy (fofo)
fluttering (tremulante)
freezing (congelante)
fresh (fresco)
fruity (frutado)
fuzzy (encrespado)
gingery (picante)
greasy (engordurado)
grubby (encardido)
hard (duro)
hot (quente)
icy (gelado)
juicy (suculento)
loose (frouxo)
melted (derretido)
minty (mentolado)
nutritious (nutritivo)
painful (difícil)
pickled (de picles)
plastic (plástico)
prickly (espinhoso)
rainy (chuvoso)
ripe (maduro)
rotten (podre)
rough (áspero)
salty (salgado)
scattered (espalhado)
shaggy (desgrenhado)
shaky (instável)
sharp (afiado)
silky (sedoso)
slick (escorregadio)
slimy (lamacento)
slippery (escorregadio)
smooth (liso)
soft (macio)
solid (sólido)
sour (azedo)
spicy (picante)
stale (rançoso)
steady (firme)
sticky (grudento)
strong (forte)
sweet (doce)
tangy (ácido)
tart (acre)
tasteless (insípido)
tasty (saboroso)
tender (suave)
thirsty (sedento)
tight (apertado)
uneven (irregular)
warm (morno)
weak (fraco)
wet (molhado)
wooden (de madeira)
yummy (delicioso)

TIME (tempo)

ancient (antigo)
annual (anual)
brief (breve)
daily (diário)
early (adiantado)
eternal (eterno)
fast (rápido)
first (primeiro)
future (futuro)
historical (histórico)
irregular (irregular)
late (tarde)
long (longo)
modern (moderno)
old (velho)
old-fashioned (antiquado)
quick (rápido)
rapid (veloz)
regular (regular)
short (curto)
slow (lento)
swift (ligeiro)
waiting (em espera)
young (jovem)

LIST OF ADJECTIVES

Uma lista de adjetivos bastante completa é apresentada a seguir, em ordem alfabética.

A

abandoned (abandonado)
abhorrent (repugnável)
abiding (duradouro)
abject (abjeto)
ablaze (incandescente)
able (capaz)
abnormal (anormal)
abominable (abominável)
aboriginal (aborígine)
abortive (abortivo)
abounding (abundante)
abrasive (abrasivo)
abrupt (abrupto)
absent (ausente)
absolute (absoluto)
absorbing (absorvente)
abstracted (abstraído)
absurd (absurdo)
abundant (abundante)
abusive (abusivo)
academic (acadêmico)
acceptable (aceitável)
accessible (acessível)
accidental (acidental)
acclaimed (aclamado)
accomplished (realizado)
accountable (responsável)
accurate (exato)
achievable (realizável)
administrative (administrativo)
acid (ácido)
acidic (acidífero)
acoustic (acústico)
acrid (acre)
acrobatic (acrobático)
actual (verdadeiro)
adamant (inexorável)
adaptable (adaptável)
addicted (adicto)
adept (adepto)
adhesive (adesivo)
adjoining (adjacente)
admirable (admirável)
admired (admirado)
adolescent (adolescente)
adorable (adorável)
adored (adorado)
advanced (avançado)
adventurous (aventureiro)
advisable (aconselhável)
affectionate (afetuoso)
affirmative (afirmativo)
affordable (acessível)
afraid (assustado)
aged (idoso)
aggravating (agravante)
aggressive (agressivo)
agile (ágil)
agitated (agitado)
agonizing (agonizante)
aggravating (agravante)
agreeable (agradável)
ajar (entreaberto)
alarming (alarmante)
alcoholic (alcoólico)
alert (alerta)
alienable (alienável)
alienated (alienado)
alike (parecido)
alive (vivo)
all (todo)
alleged (suspeito)
alluring (encantador)
aloof (arredio)
altruistic (altruístico)
amazed (espantado)
amazing (espantoso)
ambiguous (ambíguo)
ambitious (ambicioso)
ample (amplo)
amused (entretido)
amusing (engraçado)
anchored (ancorado)
ancient (antigo)
angelic (angélico)
angry (irado)
anguished (angustiado)
animated (animado)
annoying (importuno)
annual (anual)
another (outro)
antique (antigo)
anxious (ansioso)
any (algum)
apathetic (apático)
apprehensive (apreensivo)
applicable (aplicável)
appropriate (apropriado)
approximate (próximo)

apt (apto)
aquatic (aquático)
arctic (ártico)
arid (árido)
aromatic (aromático)
arrogant (arrogante)
artful (astuto)
artistic (artístico)
artless (simples)
ashamed (envergonhado)
aspiring (aspirante)
assorted (variado)
assured (seguro)
astonished (pasmo)
astonishing (espantoso)
astounding (estarrecedor)
athletic (atlético)
attached (anexado)
attainable (atingível)
attentive (atencioso)
attractive (atraente)
auspicious (auspicioso)
austere (austero)
authentic (autêntico)
automatic (automático)
available (disponível)
avaricious (avarento)
average (médio)
awake (acordado)
aware (ciente)
awesome (impressionante)
awful (aterrador)
awkward (desajeitado)
axiomatic (axiomático)

B

babyish (infantil)
back (posterior)
bad (mau)
barbarous (bárbaro)
bare (nu)
barren (estéril)
baseless (infundado)
bashful (envergonhado)
basic (básico)
bearable (tolerável)
beautiful (belo)
befitting (conveniente)
believable (acreditável)
belligerent (beligerante)
beloved (querido)
beneficial (benéfico)
berserk (frenético)
best (melhor)
better (melhor)
bewildering (desconcertante)
bewitched (enfeitiçado)
big (grande)
billowy (encapelado)
biodegradable (biodegradável)
bitter (amargo)
bizarre (bizarro)
black (preto)
black-and-white (preto e branco)
bland (sem interesse)
Blank (em branco)
blaring (retumbante)
bleak (árido)
blind (cego)
blissful (ditoso)
blond (louro)
bloody (sangrento)
blue (azul)
blue-eyed (de olhos azuis)
blushing (corado)
bogus (adulterado)
boiling (fervente)
bold (audacioso)
bony (ossudo)
bored (entediado)
boring (entediante)
both (ambos)
bouncy (animado)
boundless (ilimitado)
bountiful (abundante)
bowed (curvado)
brainy (inteligente)
brash (intrépido)
brave (valente)
breakable (quebrável)
breezy (ventilado)
brief (breve)
bright (brilhante)
brilliant (brilhante)
brisk (rápido)
broad (vasto)
broken (quebrado)
bronze (bronzeado)
brown (marrom)
bruised (machucado)
brushy (cerdoso)
bubbly (borbulhante)
bulky (volumoso)
bumpy (esburacado)
buoyant (animado)
burly (robusto)
bustling (agitado)
busy (ocupado)
buttery (amanteigado)
buzzing (barulhento)

C

cagey (evasivo)
calculating (calculista)
callous (caloso)
calm (calmo)
candid (cândido)
canine (canino)
capable (capaz)
capital (capital)
capricious (caprichoso)
captivating (cativante)
carefree (despreocupado)
careful (cuidadoso)
careless (negligente)
caring (afetuoso)
cautious (cauteloso)
cavernous (cavernoso)
ceaseless (incessante)
certain (certo)
challenging (desafiador)
changeable (mutável)
charmed (encantado)
charming (encantador)
cheap (barato)
cheerful (alegre)
chemical (químico)
chief (principal)
childish (infantil)
childless (sem filhos)
chilly (friozinho)
chivalrous (cavalheiresco)
chubby (gordinho)
chunky (corpulento)
circular (circular)
clammy (pegajoso)
classic (clássico)
classy (com classe)
clean (limpo)
clear (claro)
clever (inteligente)
cloistered (enclausurado)
close (íntimo)
closed (fechado)
cloudy (nublado)
clueless (desinformado)
clumsy (desajeitado)
cluttered (abarrotado)
coarse (áspero)
coherent (coerente)
cold (frio)
collapsible (dobrável)
colorful (colorido)
colorless (descorado)
colossal (colossal)
combative (combativo)
comfortable (confortável)
comforting (confortador)
common (comum)
communicable (comunicável)
communicative (comunicativo)
communistic (comunista)
commutable (permutável)
compact (compacto)
companionable (amistoso)
comparable (comparável)
compassionate (compassivo)
competent (competente)
complete (completo)
complex (complexo)
complicated (complicado)
comprehensible (compreensível)
concrete (concreto)
condemned (condenado)
confused (confundido)
confusing (confuso)
connective (conectivo)
conscious (cônscio)
conservative (conservador)
considerable (considerável)
considerate (atencioso)
constant (constante)
constructive (construtivo)
content (contente)
conventional (convencional)
convertible (conversível)
convinced (convencido)
convincible (convencível)
convincing (convincente)
cooked (cozido)
cool (fresco)
cooperative (cooperativo)
coordinated (coordenado)
copious (abundante)
cordial (cordial)
cordless (sem fio)
corned (preservado em salmoura)
correct (correto)
corrective (corretivo)
corresponding (correspondente)
corrosive (corrosivo)
corrupt (corrupto)
corruptible (corruptível)
corruptive (corruptor)
cosmic (cósmico)
costly (caro)
countable (contável)
countless (inúmero)
courageous (corajoso)
courteous (cortês)
coward (covarde)
crabby (mal-humorado)
crafty (esperto)
craven (covarde)
crazy (louco)
creamy (cremoso)
creative (criativo)
creepy (repugnante)
criminal (criminoso)
crisp (crocante)
critical (crítico)
crooked (torto)

crowded (lotado)
cruel (cruel)
crushing (esmagador)
cuddly (aconchegante)
cultivated (cultivado)
cultured (culto)
cumbersome (embaraçoso)
curious (curioso)
curly (ondulado)
curved (curvo)
curvy (curvilíneo)
cut (cortado)
cute (engraçadinho)
cylindrical (cilíndrico)
cynical (cínico)

D

daily (diário)
damaged (danificado)
damaging (prejudicial)
damp (úmido)
dangerous (perigoso)
dapper (garboso)
daring (ousado)
dark (escuro)
darling (querido)
dashing (elegante)
dazzling (deslumbrante)
dead (morto)
deadpan (inexpressivo)
deafening (ensurdecedor)
dear (caro)
debatable (discutível)
deceased (morto)
deceitful (enganoso)
decent (decente)
deceptive (enganoso)
decided (decidido)
decisive (decisivo)
decorative (decorativo)
decorous (digno)
deducible (deduzível)
deep (profundo)
defeated (derrotado)
defective (defeituoso)
defenseless (indefeso)
defensive (defensivo)
defiant (desafiante)
deficient (deficiente)
definite (explícito)
definitive (definitivo)
delayed (adiado)
delectable (deleitoso)
delicate (delicado)
delicious (delicioso)
delightful (agradável)
delirious (delirante)
deliverable (que pode ser entregue)
demanding (exigente)
demoniac (demoníaco)
demoralizing (desmoralizante)
deniable (negável)
dense (denso)
dental (dental)
dependable (seguro)
dependent (dependente)
depressed (deprimido)
depressing (deprimente)
deprived (desprovido)
deranged (insano)
descriptive (descritivo)
desert (ermo)
deserving (merecedor)
desirable (desejável)
desperate (desesperado)
destructible (destrutível)
detachable (destacável)
detailed (pormenorizado)
determined (determinado)
devastated (devastado)
devastating (devastador)
devilish (diabólico)
devoted (devotado)
didactic (didático)
different (diferente)
difficult (difícil)
digestible (digerível)
digital (digital)
diligent (diligente)
dim (turvo)
diminished (diminuído)
dimply (com covinhas)
direct (direto)
direful (medonho)
dirty (sujo)
disabled (incapacitado)
disagreeable (desagradável)
disappointed (desapontado)
disappointing (desapontador)
disastrous (desastroso)
discordant (discordante)
discountable (descontável)
discouraged (desencorajado)
discouraging (desencorajador)
discreet (discreto)
discrete (separado)
discriminating (discriminador)
disdainful (desdenhoso)
diseased (doente)
disengaged (desimpedido)
disfigured (desfigurado)
disguised (disfarçado)
disgusting (repugnante)
dishonest (desonesto)
dishonorable (desonroso)
disillusioned (desiludido)
disinterested (desinteressado)
disloyal (desleal)

dismal (horrível)
disorderly (desordenado)
disposable (disponível)
dispensable (dispensável)
distant (distante)
distinct (preciso)
distorted (torcido)
distractive (perturbador)
distressed (estressado)
distressful (aflitivo)
distressing (aflitivo)
distrustful (desconfiado)
disturbed (perturbado)
disturbing (inquietante)
divergent (divergente)
dizzy (aturdido)
dominant (dominante)
domineering (dominador)
done (concluído)
dopey (entorpecido)
doting (senil)
double (duplo)
doubtful (duvidoso)
doubtless (indubitável)
drab (sem brilho)
dramatic (dramático)
dreadful (horroroso)
dreamlike (irreal)
dreamy (sonhador)
dreary (melancólico)
drinkable (potável)
drooping (pendente)
drunk (bêbado)
dry (seco)
dual (dual)
dull (idiota)
dusty (empoeirado)
dutiful (zeloso)
dying (agonizante)
dynamic (dinâmico)

E

each (cada)
eager (ansioso)
early (antecipado)
earnest (sério)
earthy (de terra)
easy (fácil)
easy-going (descontraído)
eatable (comestível)
economic (econômico)
ecstatic (enlevado)
edible (comestível)
educated (instruído)
effective (eficaz)
efficacious (eficaz)
efficient (eficiente)
elaborate (elaborado)
elastic (elástico)
elated (exultante)
elderly (idoso)
electric (elétrico)
elegant (elegante)
elementary (elementar)
elliptical (elíptico)
eligible (elegível)
elusive (evasivo)
embarrassing (embaraçoso)
embattled (ameaçado)
emergent (emergente)
emersed (emerso)
eminent (eminente)
emotional (emocional)
empty (vazio)
enchanted (encantado)
enchanting (encantador)
encouraged (encorajado)
encouraging (encorajador)
endless (sem fim)
endurable (tolerável)
energetic (energético)
energized (energizado)
energizing (estimulante)
enforceable (executável)
enjoyable (agradável)
enlightened (esclarecido)
enormous (enorme)
enraged (enfurecido)
entertaining (divertido)
enthusiastic (entusiástico)
entire (inteiro)
envious (invejoso)
equable (uniforme)
equal (idêntico)
equatorial (equatorial)
equidistant (equidistante)
equitable (equitativo)
eradicable (erradicável)
erasable (apagável)
erect (ereto)
erratic (errático)
essential (essencial)
estimable (avaliável)
eternal (eterno)
ethereal (etéreo)
ethical (ético)
euphoric (eufórico)
European (europeu)
evangelical (evangélico)
evasive (evasivo)
even (igual)
evening (vespertino)
eventual (eventual)
everlasting (perene)

every (cada)
evil (mau)
exact (exact)
exalted (elevado)
exceeding (excessivo)
excellent (excelente)
excited (excitado)
exciting (excitante)
exclusive (exclusivo)
excusable (desculpável)
exemplary (exemplar)
exhausted (exausto)
exhausting (exaustivo)
exiguous (exíguo)
exotic (exótico)
expanded (expandido)
expanding (em expansão)
expansile (expansível)
expansive (expansivo)
expensive (dispendioso)
experienced (experiente)
experimental (experimental)
expert (perito)
explainable (explicável)
explorable (explorável)
explosive (explosivo)
exportable (exportável)
exposed (exposto)
expositive (expositivo)
expressionistic (expressionista)
exquisite (excelente)
extended (prolongado)
exterior (exterior)
extraditable (extraditável)
extra (adicional)
extravagant (extravagante)
extreme (extremo)
exuberant (exuberante)
exultant (exultante)

F

fabulous (fabuloso)
faded (desbotado)
failing (fracassado)
faint (débil)
fair (justo)
faithful (fiel)
faithless (infiel)
fake (falsificado)
fallacious (fraudulento)
false (falso)
familiar (usual)
famous (famoso)
fanatical (fanático)
fancy (decorativo)
fantastic (fantástico)
far (distante)
faraway (distante)
fascinated (fascinado)
fascinating (fascinante)
fast (rápido)
fat (gordo)
fatal (fatal)
fatherly (paternal)
faulty (defeituoso)
favorable (favorável)
favorite (favorito)
fearful (temeroso)
fearless (destemido)
feasible (possível)
feeble (frágil)
feigned (dissimulado)
feline (feline)
female (feminino)
feminine (feminino)
fertile (fértil)
festive (festivo)
few (poucos)
fickle (instável)
fierce (feroz)
filthy (imundo)
final (final)
fine (ótimo)
finicky (meticuloso)
finished (terminado)
firm (firme)
first (primeiro)
fitting (adequado)
fixed (fixo)
flagrant (flagrante)
flaky (flocoso)
flamboyant (exibido)
flashy (espalhafatoso)
flat (plano)
flattering (lisonjeiro)
flawless (impecável)
flexible (flexível)
flickering (bruxuleante)
flimsy (insignificante)
flippant (frívolo)
flowery (florido)
fluffy (fofo)
fluid (fluido)
flustered (aturdido)
fluttering (esvoaçante)
foamy (espumoso)
focused (concentrado)
fond (afeiçoado)
foolhardy (temerário)
foolish (tolo)
forceful (vigoroso)
forcible (forçado)
foregoing (anterior)
forgettable (esquecível)
forgetful (desatento)
forked (bifurcado)

formal (formal)
forsaken (desamparado)
fortunate (afortunado)
fragile (frágil)
fragrant (flagrante)
frail (frágil)
frank (franco)
frantic (frenético)
frayed (puído)
free (livre)
freezing (congelante)
French (francês)
frequent (frequente)
fresh (fresco)
fretful (impaciente)
friendly (amigável)
frightened (assustado)
frightening (assustador)
frigid (frígido)
frilly (afetado)
frivolous (frívolo)
frizzy (frisado)
front (frontal)
frosty (congelado)
frozen (congelado)
frugal (frugal)
fruitful (frutífero)
fruitless (infrutífero)
frustrated (frustrado)
frustrating (frustrante)
full (cheio)
fumbling (tateante)
functional (funcional)
funny (engraçado)
furry (peludo)
furtive (furtivo)
fussy (meticuloso)
future (futuro)
futuristic (futurista)
fuzzy (confuso)

G

gabby (conversador)
gainful (vantajoso)
gamy (brigão)
gaping (escancarado)
gargantuan (gigantesco)
garrulous (prolixo)
gaseous (gasoso)
gaudy (vulgar)
genealogical (genealógico)
general (geral)
generous (generoso)
gentle (meigo)
genuine (genuíno)
giant (gigante)
giddy (frívolo)
gifted (talentoso)
gigantic (gigantesco)
girlish (de menina)
given (dado)
glacial (glacial)
glad (alegre)
glamorous (glamoroso)
glancing (de relance)
glaring (deslumbrante)
glass (de vidro)
glassy (vítreo)
gleaming (reluzente)
glenoid (glenoidal)
gleeful (alegre)
glib (desembaraçado)
glimmering (bruxuleante)
glittering (brilhante)
global (global)
globular (globular)
gloomy (melancólico)
glorifiable (glorificável)
glorious (glorioso)
glowing (resplandecente)
glossy (lustroso)
gluey (grudento)
glum (desalentado)
gnarled (torcido)
godly (divino)
going (em funcionamento)
golden (dourado)
gone (desaparecido)
good (bom)
goodish (bastante bom)
good-natured (bondoso)
good-tempered (calmo)
goofy (simplório)
gorgeous (esplêndido)
governable (governável)
governmental (governamental)
graceful (gracioso)
graceless (desajeitado)
gracious (gracioso)
grand (ótimo)
grandiose (grandioso)
granular (granular)
grapy (de uva)
grassy (herboso)
grateful (grato)
gratifying (agradável)
grating (irritante)
gratis (gratuito)
gray (cinza)
greasy (gorduroso)
great (grande)
greedy (ganancioso)
green (verde)
gregarious (gregário)

grey (cinza)
grievous (doloroso)
grilled (grelhado)
grim (carrancudo)
grimy (encardido)
gripping (que segura)
gritty (arenoso)
grizzled (grisalho)
groovy (moderno)
gross (corpulento)
grotesque (grotesco)
grouchy (mal-humorado)
grounded (estabelecido)
growing (crescente)
grown (crescido)
grubby (encardido)
gruesome (horrível)
grumpy (rabugento)
guarded (protegido)
guessable (adivinhável)
guiltless (inocente)
guilty (culpado)
gullible (simplório)
gummy (gomoso)
gushing (jorrante)
gustative (gustativo)
gusty (tempestuoso)
guttural (guttural)
gymnastic (ginástico)
gynecologic (ginecológico)
gypsy (gitano)
gypsyish (aciganado)
gyroscopic (giroscópico)

H

habitable (habitável)
habitual (habitual)
haggard (abatido)
hairless (calvo)
hairy (cabeludo)
half (meio)
half-baked (mal-assado)
hallowed (abençoado)
halting (manco)
handmade (feito à mão)
handsome (belo)
handy (acessível)
hanging (suspenso)
hapless (desafortunado)
happy (feliz)
hard (duro)
hardy (valente)
harmful (prejudicial)
harmless (inofensivo)
harmonious (harmonioso)
harrowing (angustiante)
harsh (áspero)
hasty (apressado)
hateful (odioso)
haunted (assombrado)
haunting (obssessivo)
hawk-eyed (perspicaz)
hazardous (arriscado)
hazy (enevoado)
headless (acéfalo)
heady (precipitado)
healing (que cura)
healthful (saudável)
healthy (sadio)
heartbreaking (doloroso)
heartbroken (inconsolável)
heartfelt (sincero)
heartless (insensível)
hearty (sincero)
heated (acalorado)
heavenly (celeste)
heavy (pesado)
hectic (agitado)
heeled (de salto)
hefty (abundante)
heliocentric (heliocêntrico)
hellish (diabólico)
helpful (útil)
helping (que ajuda)
helpless (indefeso)
her (seu/s, sua/s)
heritable (hereditário)
hermetic (hermético)
hesitant (hesitante)
heterosexual (heterossexual)
hexagonal (hexagonal)
hidden (escondido)
hideous (horrível)
high (alto)
high-grade (excelente)
high-spirited (nobre)
hilarious (hilariante)
hilly (íngreme)
hind (traseiro)
his (seu/s, sua/s)
hissing (sibilante)
historical (histórico)
hoarse (rouco)
holistic (holístico)
hollow (oco)
homeless (sem lar)
homely (caseiro)
honest (honesto)
honorable (honorável)
hooded (encapuzado)
hopeful (esperançoso)
hopeless (desesperançado)
horrible (horrível)
horrified (horrorizado)
horrifying (horripilante)
hospitable (hospitaleiro)

hot (quente)
hot-blooded (de sangue quente)
huge (enorme)
hulking (pesado)
humanistic (humanístico)
humble (humilde)
humdrum (monótono)
humid (úmido)
humiliated (humilhado)
humiliating (humilhante)
humming (zunidor)
humorless (sem graça)
humorous (humorístico)
humped (corcovado)
hundred (cem)
hungry (faminto)
hurried (apressado)
hurt (ferido)
hurtful (danoso)
hushed (silencioso)
husky (rouco)
hydraulic (hidráulico)
hypnotic (hipnótico)
hypodermal (hipodérmico)
hypothetic (hipotético)
hysteric (histérico)

I

icky (nojento)
icy (gelado)
ideal (ideal)
idealistic (idealista)
identical (idêntico)
ideologic (ideológico)
idiomatic (idiomático)
idiotic (idiota)
idle (ocioso)
idyllic (idílico)
igneous (ígneo)
ignorant (ignorante)
ill (doente)
illegal (ilegal)
illicit (ilícito)
illiterate (analfabeto)
illustrious (ilustre)
imaginary (imaginário)
imaginative (imaginativo)
imitable (imitável)
imitative (imitante)
immaculate (imaculado)
immanent (inerente)
immaterial (imaterial)
immature (imaturo)
immediate (imediato)
immemorial (imemorável)
immense (imenso)
immigrant (imigrante)
imminent (iminente)
immoderate (exagerado)
immoral (imoral)
immortal (imortal)
immovable (imóvel)
immune (imune)
immutable (imutável)
impacted (comprimido)
impalpable (intangível)
impartial (imparcial)
impartible (indivisível)
impassible (impassível)
impeachable (impugnável)
impeccable (impecável)
impending (iminente)
impenetrable (impenetrável)
imperative (imperativo)
imperceptible (imperceptível)
imperfect (imperfeito)
imperial (imperial)
imperious (imperioso)
imperishable (imperecível)
impermanent (temporário)
impermeable (impermeável)
impersonal (impessoal)
impertinent (impertinente)
imperturbable (imperturbável)
impetuous (impetuoso)
impious (ímpio)
implacable (implacável)
implicative (implicativo)
implicit (implícito)
impolite (descortês)
important (importante)
imported (importado)
importunate (importuno)
imposing (imponente)
impossible (impossível)
impracticable (impraticável)
impractical (não prático)
impressionable (impressionável)
impressive (impressionante)
improbable (improvável)
improper (impróprio)
imprudent (imprudente)
impugnable (impugnável)
impulsive (impulsivo)
impure (impuro)
imputable (imputável)
inaccessible (inacessível)
inaccurate (impreciso)
inactive (inativo)
inadaptable (inadaptável)
inadequate (inadequado)
inadvisable (desaconselhável)
inanimate (inanimado)
inapt (inapto)

inattentive (desatento)
inaudible (inaudível)
inaugural (inaugural)
inborn (inato)
incalculable (incalculável)
incandescent (incandescente)
incapable (incapaz)
incautious (incauto)
incessant (incessante)
incisive (incisivo)
inclement (inclemente)
inclined (propenso)
inclusive (inclusivo)
incoherent (incoerente)
incommensurable (incomensurável)
incommunicable (incomunicável)
incomparable (incomparável)
incompatible (incompatível)
incompetent (incompetente)
incomplete (incompleto)
inconceivable (inconcebível)
inconclusive (inconclusivo)
incongruous (incongruente)
inconsequent (inconsequente)
inconsiderable (inconsiderável)
inconsistent (inconsistente)
inconsolable (inconsolável)
inconstant (inconstante)
inconvenient (inconveniente)
incorrect (incorreto)
incorruptible (incorruptível)
increasing (crescente)
incredible (incrível)
incredulous (incrédulo)
incurable (incurável)
indebted (endividado)
indecent (indecente)
indecisive (inconclusivo)
indecorous (indecoroso)
indefatigable (incansável)
indefensible (indefensável)
indefinite (indefinido)
indelicate (indelicado)
independent (independente)
indeterminable (indeterminável)
indeterminate (indeterminado)
indicative (indicativo)
indictable (indiciável)
indifferent (indiferente)
indigenous (nativo)
indigent (indigente)
indigestible (indigesto)
indignant (indignado)
indirect (indireto)
indiscreet (indiscreto)
indispensable (indispensável)
indisposed (indisposto)
indistinct (indistinto)
individual (individual)
indivisible (indivisível)
indolent (indolente)
indoor (interno)
indubitable (indubitável)
indulgent (indulgente)
industrial (industrial)
industrious (esforçado)
inedible (incomível)
ineffective (ineficaz)
inefficient (ineficiente)
inexpensive (barato)
inexperienced (inexperiente)
infamous (infame)
infantile (infantil)
infatuated (enamorado)
inferior (inferior)
infinite (infinito)
inflammable (inflamável)
inflatable (inflável)
informal (informal)
informative (informativo)
innate (inato)
innocent (inocente)
inquisitive (questionador)
insecure (inseguro)
insidious (insidioso)
insignificant (insignificante)
insistent (insistente)
inspired (inspirado)
inspiring (inspirador)
insulted (insultado)
insulting (insultante)
instinctive (instintivo)
instructive (instrutivo)
insubstantial (insubstancial)
intelligent (inteligente)
intentional (intencional)
interchangeable (intercambiável)
interested (interessado)
interesting (interessante)
intimate (íntimo)
internal (interno)
international (internacional)
interrogative (interrogativo)
intolerable (intolerável)
intrepid (intrépido)
intriguing (intrigante)
intrinsic (intrínseco)
invincible (invencível)
invidious (odioso)
inviolable (inviolável)
inviting (convidativo)
irate (irado)
ironclad (encouraçado)
ironic (irônico)
irrational (irracional)
irrelevant (irrelevante)
irreparable (irreparável)
irresistible (irresistível)
irresponsible (irresponsável)
irreverent (irreverente)
irreversible (irreversível)
irritable (irritável)
irritated (irritado)
irritating (irritante)
itchy (comichoso)

J

jaded (estafado)
jagged (pontudo)
jaunty (elegante)
jazzy (jazzístico)
jealous (enciumado)
jellied (gelatinoso)
jerky (agitado)
jittery (nervoso)
jobless (desempregado)
jocose (jocoso)
jocund (jocundo)
joint (unido)
jolly (alegre)
jovial (jovial)
joyful (alegre)
joyless (infeliz)
joyous (alegre)
jubilant (jubiloso)
judicial (judicial)
judicious (judicioso)
juicy (suculento)
jumbled (embaralhado)
jumbo (grande)
jumpy (apreensivo)
junior (mais jovem)
juridical (jurídico)
just (justo)
justifiable (justificável)
juvenile (juvenile)

K

kaleidoscopic (variado)
kaput (avariado)
keen (perspicaz)
key (essencial)
kind (bom)
kindhearted (generoso)
kindly (benevolente)
kindred (aparentado)
kinesthetic (cinestésico)
kinetic (cinético)
king-sized (tamanho família)
kinky (encarapinhado)
knightly (cavalheiresco)
knobby (cheio de calombos)
knotty (nodoso)
knowable (reconhecível)
knowledgeable (culto)
known (conhecido)
knurled (nodoso)
kooky (esquisito)
kosher (permitido)

L

labored (feito com dificuldade)
laborious (laborioso)
lacking (desprovido de)
lame (insatisfatório)
lamentable (lamentável)
landless (sem terras)
languid (lânguido)
laniferous (lanífero)
lank (murcho)
lanky (magricela)
large (grande)
last (último)
lasting (duradouro)
late (tardio)
lateral (lateral)
lathery (espumoso)
lathy (magro como um palito)
laudable (louvável)
laughable (engraçado)
laughing (que provoca riso)
lavish (pródigo)
lawful (lícito)
lawny (gramado)
lax (frouxo)

lazy (preguiçoso)
leachy (permeável)
leaden (plúmbeo)
leaderless (sem líder)
leading (dominante)
leafless (desfolhado)
leafy (frondoso)
leaky (gotejante)
lean (magro)
least (mínimo)
learned (culto)
left (esquerdo)
left-handed (canhoto)
legal (legal)
legendary (legendário)
legged (com pernas)
legible (legível)
legitimate (legítimo)
lengthy (comprido)
lenient (leniente)
less (menos, menor)
lethal (letal)
level (nivelado)
leveling (nivelador)
lexical (lexical)
liable (responsável)
libelous (difamatório)
liberal (liberal)
libidinous (libidinoso)
licit (lícito)
lickerish (lascivo)
lidless (sem tampa)
lifeless (sem vida)
lifesaving (que salva vidas)
light (claro)
light-fingered (de mão leve)
lighthearted (jovial)
likable (amável)
like (semelhante)
likely (provável)
limbless (desmembrado)
limitable (limitável)
limited (limitado)
limp (mole)
limpid (límpido)
linear (linear)
lined (vincado)
lion-hearted (corajoso)
liquid (líquido)
literal (literal)
literary (literário)
literate (alfabetizado)
little (pequeno)
livable (tolerável)
live (vivo)
livelong (vitalício)
lively (animado)
livid (lívido)
living (vivo)
loaded (carregado)
loath (relutante)
loathsome (repulsivo)
localizable (localizável)
lofty (elevado)
logical (lógico)
logistic (logístico)
logy (torpe)
lone (só)
lonely (solitário)
lonesome (solitário)
long (extensor)
longing (saudoso)
longish (alongado)
long-lived (duradouro)
long-range (de longo alcance)
long-term (a longo prazo)
loose (frouxo)
lost (perdido)
loud (alto)
lousy (nojento)
loutish (grosseiro)
lout (estúpido)
lovable (adorável)
loveless (sem amor)
lovely (encantador)
loving (amoroso)
low (baixo)
low-cost (barato)
lower-case (em caixa baixa)
lowly (modesto)
low-necked (decotado)
low-pressure (de baixa pressão)
low-priced (barato)
low-speed (de pouca velocidade)
low-tension (de baixa tensão)
loyal (leal)
lubricant (lubrificante)
lucent (luminoso)
lucid (lúcido)
luckless (sem sorte)
lucky (afortunado)
lucrative (lucrativo)
ludicrous (ridículo)
lugubrious (lúgubre)
luminescent (luminescente)
luminous (luminoso)
lunatic (lunático)
luscious (saboroso)
lush (exuberante)
lustful (luxurioso)
lustrous (lustroso)
luxuriant (luxuriante)
luxurious (luxuoso)
lying (reclinado)
lymphatic (linfático)
lyrical (lírico)

M

macabre (macabro)
machine-made (feito à máquina)
macho (macho)
macroscopic (macroscópico)
mad (louco)
maddening (enlouquecedor)
made-up (fictício)
magenta (magenta)
maggoty (bichado)
magical (mágico)
magisterial (magistral)
magnanimous (magnânimo)
magnetic (magnético)
magnificent (magnífico)
maiden (solteira)
maintainable (sustentável)
majestic (majestoso)
major (importante)
makeshift (paliativo)
maladjusted (desajustado)
male (macho)
maleficent (maléfico)
malevolent (malevolente)
malformed (malformado)
malicious (malicioso)
malign (maligno)
malleable (maleável)
malodorous (malcheiroso)
mammary (mamário)
mammoth (gigantesco)
manageable (manejável)
managerial (administrativo)
manful (varonil)
maniac (maníaco)
manlike (varonil)
mannerless (mal-educado)
many (muito/s)
many-sided (multiforme)
marginal (marginal)
marine (marinho)
marital (marital)
married (casado)
marriageable (casadouro)
marvelous (maravilhoso)
martial (marcial)
masculine (masculino)
masochistic (masoquista)
massive (maciço)
massy (volumoso)
master (principal)
masterful (autoritário)
masterly (perfeito)
matchable (comparável)
matchless (incomparável)
material (material)
materialistic (materialista)
maternal (maternal)
matriarchal (matriarcal)
matrimonial (nupcial)
matronly (matronal)
mature (maduro)
matutinal (matutino)
maximum (máximo)
meager (escasso)
mealy (farinhento)
mean (malvado)
meaningful (significativo)
meaningless (sem sentido)
measly (miserável)
measurable (miserável)
measureless (incomensurável)
mechanical (mecânico)
medial (mediano)
medicable (medicável)
medical (medico)
medieval (medieval)
mediocre (medíocre)
medium (médio)
meek (manso)
megalithic (megalítico)
melancholic (melancólico)
mellow (doce)
melodic (melódico)
melodious (melodioso)
melting (que se derrete)
memorable (memorável)
memorial (comemorativo)
menacing (ameaçador)
mensurable (mensurável)
mentholated (mentolado)
mercantile (mercantil)
merciful (misericordioso)
merciless (impiedoso)
mere (mero)
meritorious (meritório)
merry (alegre)
mesmeric (hipnótico)
messy (bagunçado)
metallic (metálico)
meteoric (meteórico)
methodic (metódico)
metric (métrico)
middle (médio)
middle-aged (de meia-idade)
middle-class (da classe média)
middle-sized (de tamanho médio)
mighty (poderoso)
migratory (migratório)
mild (suave)
military (militar)
milky (lácteo)
mindful (cônscio)
mindless (descuidado)
miniature (em miniatura)
minimal (mínimo)
minor (secundário)
minty (mentolado)
miraculous (milagroso)
miscellaneous (variado)
mischievous (nocivo)
miscreant (infame)

miserable (miserável)
miserly (avarento)
misguided (mal orientado)
misleading (enganoso)
missing (ausente)
mistaken (enganado)
misty (enevoado)
misunderstood (mal compreendido)
mixed (misturado)
mnemonic (mnemônico)
moaning (lamurioso)
moderate (moderado)
modern (moderno)
modest (modesto)
modifiable (modificável)
moist (úmido)
moldy (mofado)
molecular (molecular)
molten (liquefeito)
momentary (momentâneo)
monarchic (monárquico)
monastic (monástico)
monolithic (monolítico)
monstrous (monstruoso)
monthly (mensal)
moody (de mau humor)
moral (moral)
moratory (moratório)
mordacious (mordaz)
morphologic (morfológico)
mortal (mortal)
mortified (mortificado)
most (mais)
motherly (maternal)
motionless (imóvel)
motored (motorizado)
mountainous (montanhoso)
mounted (montado)
mournful (pesaroso)
movable (móvel)
moving (em movimento)
much (muito)
muddy (enlameado)
muggy (mormacento)
multicolored (multicor)
mundane (mundano)
murderous (homicida)
mushy (mole)
musical (musical)
musty (mofado)
mute (mudo)
mutual (mútuo)
my (meu/s, minha/s)
mysterious (misterioso)
mystic/al (místico)
mythological (mitológico)

N

naïve (ingênuo)
naked (nu)
namable (mencionável)
nameless (anônimo)
narrative (narrativo)
narrow (estreito)
nasty (desagradável)
natal (natal)
national (nacional)
nationalistic (nacionalista)
native (nativo)
natural (natural)
naughty (travesso)
nauseating (nauseante)
nautical (náutico)
naval (naval)
navigable (navegável)
navy-blue (azul-marinho)
near (perto)
near-sighted (míope)
neat (limpo)
nebulous (nebuloso)
necessary (necessário)
needless (desnecessário)
needy (necessitado)
negative (negativo)
neglected (negligenciado)
neglectful (negligente)
negligible (insignificante)
negotiable (negociável)
neighboring (vizinho)
neither (nenhum)
nerveless (desanimado)
nervous (nervoso)
neurotic (neurótico)
neutral (neutro)
new (novo)
next (próximo)
nice (bom)
nifty (atraente)
nightly (noturno)
nimble (ágil)
nine (nove)
nippy (penetrante)
no (nenhum)
noble (nobre)
nocturnal (noturno)
noiseless (silencioso)
noisy (barulhento)
nonchalant (sereno)
nonessential (dispensável)
nonexistent (inexistente)
nonproductive (não produtivo)
nonprofit (sem fins lucrativos)
nonresident (não residente)
nonresistant (não resistente)
nonstop (direto)

normal (normal)
northern (do norte)
northwestern (noroeste)
nostalgic (nostálgico)
nosy (intrometido)
notable (notável)
noted (notório)
noteworthy (digno de nota)
notorious (notório)
nourishing (nutritivo)
novel (recente)
noxious (nocivo)
nuclear (nuclear)
null (nulo)
numb (entorpecido)
numberless (inumerável)
numerous (numeroso)
nutritious (nutritivo)
nutty (de nozes)

O

obedient (obediente)
obese (obeso)
obliging (obsequioso)
oblique (oblíquo)
oblivious (esquecido)
oblong (oblongo)
obnoxious (ofensivo)
obscene (obsceno)
obscure (obscuro)
obsequious (subserviente)
observable (observável)
observant (observador)
obsolete (obsoleto)
obstinate (obstinado)
obstructive (obstrutivo)
obtainable (atingível)
obtuse (obtuso)
obvious (óbvio)
occasional (ocasional)
occlusive (oclusivo)
occupied (ocupado)
octagonal (octogonal)
odd (esquisito)
odious (odioso)
odorous (odoroso)
offenseless (inócuo)
offensive (ofensivo)
official (oficial)
oily (oleoso)
old (velho)
old fashioned (desatualizado)
omnipotent (onipotente)
omniscient (onisciente)
one (um)
onerous (oneroso)
only (único)
open (aberto)
openhearted (generoso)
operable (operável)
opportune (oportuno)
opposing (oposto)
opposite (oposto)
oppressive (opressivo)
optical (óptico)
optimal (ótimo)
optimistic (otimista)
opulent (opulento)
orange (alaranjado)
orderly (organizado)
ordinary (comum)
organic (orgânico)
original (original)
ornamental (ornamental)
ornate (ornamentado)
oscillatory (oscilatório)
osseous (ósseo)
ostensible (ostensivo)
other (outro/a/s)
our (nosso/a/s)
outdated (fora de moda)
outgoing (extrovertido)
outlying (remoto)
outrageous (ultrajante)
outright (completo)
outstanding (extraordinário)
outstretched (estendido)
outworn (gasto)
oval (oval)
overall (total)
overbearing (autoritário)
overblown (exagerado)
overcrowded (superlotado)
overdone (cozido demais)
overdue (vencido e não pago)
overjoyed (cheio de alegria)
overladen (sobrecarregado)
overripe (maduro demais)
overwhelming (esmagador)
overwrought (transtornado)
ovoid (ovoide)
ozonic (ozônico)

P

pacifistic (pacifista)
painful (doloroso)
painless (indolor)
painstaking (meticuloso)
palatable (palatável)
pale (pálido)
paltry (insignificante)
pandemic (pandêmico)
panicky (assustado)
panoramic (panorâmico)
pantheistic (panteístico)
parabolic (parabólico)
parallel (paralelo)
paramount (superior)
paranoid (paranoide)
paraplegic (paraplégico)
parched (sedento)
parental (parental)
parliamentary (parlamentar)
parsimonious (parcimonioso)
partial (parcial)
participative (participativo)
passionate (apaixonado)
passive (passivo)
past (passado)
pastel (pastel)
pathetic (patético)
patient (paciente)
patriotic (patriótico)
payable (pagável)
peaceable (pacífico)
peaceful (tranquilo)
peculiar (peculiar)
pedagogic/al (pedagógico)
pedestrian (pedestre)
peerless (incomparável)
penal (penal)
pending (pendente)
penetrating (penetrante)
penitent (penitente)
penniless (paupérrimo)
peppery (apimentado)
perceptible (perceptível)
perceptive (perceptivo)
perennial (perene)
perfect (perfeito)
perfumed (perfumado)
perilous (perigoso)
periodic (periódico)
peripheral (periférico)
permanent (permanente)
permissible (admissível)
permissive (desregrado)
pernicious (pernicioso)
perpendicular (perpendicular)
perpetual (perpétuo)
perplexed (perplexo)
perplexing (desconcertante)
persevering (perseverante)
persistent (persistente)
personal (pessoal)
perspicacious (perspicaz)
persuasive (persuasivo)
pertinent (pertinente)
perturbed (perturbado)
perturbing (perturbador)
perverse (perverso)
pessimistic (pessimista)
petite (pequeno)
petrified (petrificado)
petty (insignificante)
philharmonic (filarmônico)
phobic (fóbico)
phonetic (fonético)
phony (falsificado)
phosphorescent (f osforescente)
photogenic (fotogênico)
photographic (fotográfico)
physical (físico)
picky (exigente)
picturesque (pitoresco)
piebald (malhado com áreas de diferentes cores)
piercing (penetrante)
pigmented (pigmentado)
pimply (espinhento)
pink (cor-de-rosa)
pioneering (vanguardista)
pious (devoto)
piping hot (fervendo)
piquant (de gosto picante)
piteous (lastimável)
pitiful (lamentável)
pitiless (impiedoso)
pitying (piedoso)
placid (plácido)
plain (simplório)
plaintive (lamentoso)
plastered (engessado)
plastic (plástico)
platonic (platônico)
plausible (plausível)
playful (brincalhão)
pleading (suplicante)
pleasant (agradável)
pleased (satisfeito)
pleasing (agradável)
pleasurable (agradável)
pliable (dobrável)
pliant (adaptável)
plural (plural)
pluralistic (pluralista)
poetic (poético)
pointed (pontudo)
pointless (inútil)
poised (equilibrado)
poisonous (venenoso)
polished (polido)
polite (cortês)
political (político)
polygamous (polígamo)

polyunsaturated (poli-insaturado)
poor (pobre)
popular (popular)
pop-up (saltante)
porous (poroso)
portable (portátil)
portly (corpulento)
Portuguese (português)
positive (positivo)
possessed (possuído)
possessive (possessivo)
possible (possível)
postal (postal)
post-dated (pré-datado)
potable (potável)
potent (potente)
powered (alimentado)
powerful (poderoso)
powerless (impotente)
practical (prático)
precarious (precário)
preciding (precedente)
precious (precioso)
precise (exato)
precocious (precoce)
preconceived (preconceituoso)
predatory (predatório)
predetermined (predeterminado)
predictable (previsível)
predictive (profético)
predominant (predominante)
pre-existing (preexistente)
prefabricated (pré-fabricado)
preferable (preferível)
prehistoric (pré-histórico)
prejudiced (preconceituoso)
prejudicial (prejudicioso)
premature (prematuro)
premeditated (premeditado)
premium (de melhor qualidade)
present (presente)
prestigious (respeitado)
pretty (bonito)
preventable (evitável)
preventive (preventivo)
previous (prévio)
priceless (incalculável)
prickly (espinhoso)
primary (primário)
prime (superior)
primitive (primitivo)
prior (anterior)
private (privado)
privileged (privilegiado)
probable (provável)
prodigal (pródigo)
productive (produtivo)
professional (profissional)
profitable (lucrativo)
profound (profundo)
profuse (abundante)
programmable (programável)
progressive (progressivo)
prohibitive (proibitivo)
promiscuous (promíscuo)
promising (promissor)
prone (inclinado)
proper (correto)
protective (protetor)
proud (orgulhoso)
provocative (provocativo)
prudent (prudente)
psychedelic (psicodélico)
psychotic (psicótico)
public (público)
puffy (inchado)
pumped (bombeado)
punctual (pontual)
pungent (pungente)
puny (decrépito)
pure (puro)
purple (roxo)
pushy (controlador)
putrid (pútrido)
puzzling (enigmático)

Q

quadriplegic (tetraplégico)
quaint (pitoresco)
qualified (qualificado)
qualitative (qualitativo)
quantifiable (quantificável)
quarrelsome (briguento)
quarterly (trimestral)
queasy (enjoado)
queer (estranho)
querulous (irritadiço)
questionable (questionável)
quick (rápido)
quiet (quieto)
quilted (acolchoado)
quotable (citável)

R

racial (racial)
radiant (radiante)
ragged (esfarrapado)
rainy (chuvoso)
rampant (desenfreado)
rancid (rançoso)
rapid (rápido)
rare (raro)
rarefied (rarefeito)
rash (precipitado)
rational (racional)
ratty (roto)
raw (cru)
reactive (reativo)
readable (legível)
ready (pronto)
real (real)
realistic (realístico)
realizable (realizável)
reasonable (razoável)
rebel (rebelde)
receivable (a receber)
recent (recente)
receptive (receptive)
rechargeable (recarregável)
reckless (afoito)
recoverable (recuperável)
rectangular (retangular)
red (vermelho)
redundant (redundante)
refined (refinado)
reflexive (reflexivo)
refreshing (refrescante)
regal (régio)
regular (regular)
relaxed (descontraído)
relaxing (relaxante)
reliable (confiável)
relieved (aliviado)
reluctant (relutante)
remaining (restante)
remarkable (notável)
remorseful (arrependido)
remorseless (sem remorso)
remote (remoto)
repellent (repulsivo)
repentant (arrependido)
repetitive (repetitivo)
repulsive (repulsivo)
required (exigido)
reserved (reservado)
resistant (resistente)
resolute (resoluto)
resonant (ressonante)
respectable (respeitável)
respectful (respeitoso)
responsible (responsável)
restless (inquieto)
retired (aposentado)
returnable (retornável)
reusable (reusável)
revealing (revelador)
revolving (rotatório)
rewarding (recompensador)
rich (rico)
right (correto)
righteous (justo)
rightful (merecido)
rigid (rígido)
rigorous (rigoroso)
ripe (maduro)
roasted (assado)
robust (robusto)
romantic (romântico)
roomy (espaçoso)
rosy (rosado)
rotating (rotativo)
rotten (podre)
rough (grosseiro)
round (redondo)
royal (real)
rubbery (flexível)
rude (rude)
rueful (pesaroso)
ruffled (desmanchado)
rugged (rude)
rundown (dilapidado)
running (corrente)
rural (rural)
rustic (rústico)
rusty (enferrujado)
ruthless (cruel)

S

sad (triste)
safe (seguro)
salty (salgado)
same (mesmo)
sane (saudável)
satisfied (satisfeito)
satisfying (gratificante)
savory (saboroso)
scarce (escasso)
scared (assustado)
scary (assustador)
scattered (espalhado)

scented (perfumado)
scientific (científico)
scornful (debochado)
seamless (sem costura)
second-hand (de segunda mão)
secret (secreto)
selective (seletivo)
selfish (egoísta)
selfless (altruísta)
sensible (sensível)
sentimental (sentimental)
separate (separado)
serious (sério)
several (vários)
severe (severo)
shadowy (sombrio)
shaky (instável)
shallow (raso)
shameful (vergonhoso)
shameless (desavergonhado)
sharp (afiado)
shiny (brilhante)
shivering (trêmulo)
shocking (chocante)
short (curto)
showy (ostentoso)
shy (tímido)
sick (doente)
sickening (enjoativo)
silent (silencioso)
silky (sedoso)
silly (tolo)
silver (prateado)
similar (similar)
simple (simples)
sincere (sincero)
sinful (pecaminoso)
single (único)
sizzling (que chia)
skillful (hábil)
skinny (magricela)
sleepy (sonolento)
slight (fino)
slim (delgado)
slimy (pegajoso)
slippery (escorregadio)
sloppy (desleixado)
slow (lento)
small (pequeno)
smart (esperto)
smiling (sorridente)
smooth (suave)
smug (convencido)
snappy (brusco)
sneaky (sorrateiro)
snobbish (esnobe)
snoopy (bisbilhoteiro)
sociable (sociável)
soft (macio)
soggy (encharcado)
solid (sólido)
some (algum)
soothing (tranquilizante)
sophisticated (sofisticado)
sordid (sórdido)
sore (ferido)
sorrowful (pesaroso)
sour (azedo)
sparkling (brilhante)
sparse (escasso)
special (especial)
specific (específico)
spectacular (espetacular)
speechless (sem palavras)
speedy (veloz)
spherical (esférico)
spicy (picante)
spiteful (rancoroso)
splendid (esplêndido)
spooky (mal-assombrado)
spotless (impecável)
squalid (esquálido)
square (quadrado)
squeaky (rangente)
stable (estável)
stained (manchado)
stale (rançoso)
standing (em pé)
starchy (engomado)
starry (estrelado)
steady (firme)
steel (de aço)
steep (íngreme)
sticky (aderente)
stiff (retesado)
still (imóvel)
stimulating (estimulante)
stormy (tempestuoso)
straight (direto)
strange (estranho)
strict (rigoroso)
striking (surpreendente)
striped (listrado)
strong (forte)
stunning (chocante)
stupendous (estupendo)
stupid (estúpido)
sturdy (robusto)
stylish (elegante)
subtle (sutil)
successful (bem-sucedido)
succinct (sucinto)
sudden (repentino)
sugary (açucarado)
suitable (adequado)
sunny (ensolarado)
super (super)
superficial (superficial)
supportive (solidário)
supreme (supremo)
surprised (surpreso)
surprising (surpreendente)
suspicious (suspeitoso)
sweaty (suado)
sweet (doce)
swift (ligeiro)
sympathetic (compreensivo)

T

tacit (tácito)
tactful (diplomático)
talented (talentoso)
talkative (loquaz)
tall (alto)
tame (domesticado)
tan (bronzeado)
tart (ácido)
tasteful (saboroso)
tasteless (insosso)
tasty (saboroso)
tattered (maltrapilho)
tearful (lacrimoso)
tearless (sem lágrimas)
tedious (maçante)
teeming (fervilhante)
teeny (miudinho)
temporary (temporário)
tempted (tentado)
tempting (tentador)
tender (brando)
tense (tenso)
tenuous (tênue)
tepid (tépido)
terrible (horrível)
terrific (espetacular)
terrifying (aterrorizante)
testy (mal-humorado)
thankful (agradecido)
thankless (mal-agradecido)
therapeutic (terapêutico)
thick (grosso)
thin (fino)
thinkable (imaginável)
thirsty (sedento)
thorny (espinhento)
thorough (meticuloso)
thoughtful (pensativo)
thoughtless (irrefletido)
threatened (ameaçado)
threatening (ameaçador)
thrifty (frugal)
thrilling (emocionante)
thundering (trovejante)
tidy (organizado)
tight (apertado)
timeless (eterno)
timely (conveniente)
tiny (pequenino)
tired (cansado)
tiring (cansativo)
tiresome (cansativo)
total (total)
touching (tocante)
tough (resistente)
towering (elevado)
tragic (trágico)
trained (treinado)
translatable (traduzível)
transportable (transportável)
traumatic (traumático)
tremendous (tremendo)
triangular (triangular)
tricky (complicado)
trifling (leviano)
trivial (trivial)
troubled (perturbado)
truculent (truculento)
true (verdadeiro)
trustable (confiável)
trusting (confiante)
trustworthy (fidedigno)
trusty (confiável)
truthful (verdadeiro)
tubby (rechonchudo)
turbulent (turbulento)
twin (gêmeo)
typical (típico)

U

ugly (feio)
ultimate (supremo)
ultra (ultra)
unable (incapaz)
unacceptable (inaceitável)
unaccountable (inexplicável)
unadvised (impensado)
unarmed (desarmado)
unaware (desapercebido)
unbiased (imparcial)
uncomfortable (desconfortável)
uncommon (incomum)
unconscious (inconsciente)
uncovered (descoberto)
understandable (compreensível)
undesirable (indesejável)
unequal (desigual)
uneven (irregular)
unfinished (inacabado)
unfit (inadequado)
unfolded (desdobrado)
unforgettable (inesquecível)
unforgivable (imperdoável)
unfortunate (desventurado)
unfriendly (inamistoso)
unhappy (infeliz)

unhealthy (insalubre)
uniform (uniforme)
uninterested (desinteressado)
unique (excepcional)
united (unido)
unknown (desconhecido)
unlawful (ilegal)
unlike (diferente)
unlucky (azarado)
unnatural (anormal)
unnoticed (despercebido)
unpleasant (desagradável)
unreadable (ilegível)
unreal (irreal)
unreasonable (imoderado)
unripe (não maduro)
unsatisfied (insatisfeito)
unselfish (altruísta)
unstable (instável)
unsteady (instável)
unsuitable (impróprio)
untidy (desarrumado)
untimely (inoportuno)
untried (não testado)
untrue (falso)
unused (intocado)
unusual (incomum)
unwilling (relutante)
unwritten (informal)
upbeat (otimista)
upright (reto)
upset (aborrecido)
upsetting (irritante)
uptight (tenso)
urban (urbano)
urgent (urgente)
usable (utilizável)
used (usado)
useful (útil)
useless (inútil)
usual (usual)
utmost (máximo)
utter (completo)

V

vacant (vago)
vacuous (estúpido)
vague (vago)
vain (vão)
valid (válido)
valuable (valioso)
valueless (sem valor)
vapid (insípido)
variable (variável)
various (variado)
vast (vasto)
vehicular (veicular)
velvety (aveludado)
venerated (venerado)
vengeful (vingativo)
venomous (venenoso)
verbal (verbal)
verifiable (verificável)
veritable (verdadeiro)
versed (experimentado)
vibrant (vibrante)
vicious (depravado)
victorious (vitorioso)
vigilant (vigilante)
vigorous (vigoroso)
villainous (malvado)
violent (violento)
violet (violeta)
virtual (virtual)
virtuous (virtuoso)
visible (visível)
visual (visual)
vital (vital)
vivacious (vivaz)
vivid (vívido)
voiceless (mudo)
volatile (volátil)
voluminous (volumoso)
voracious (voraz)
vulgar (vulgar)

W

wacky (excêntrico)
waiting (em espera)
wakeful (insone)
wan (lívido)
wandering (perambulante)
wanting (carente)
warlike (belicoso)
warm (morno)
warped (empenado)
wary (cauteloso)
washable (lavável)
wasteful (ineficaz)
watchful (vigilante)
waterlogged (alagado)
watery (aguado)
wavy (ondulado)
weak (fraco)
wealthy (rico)
weary (mentalmente cansado)
wee (pequenino)
weekly (semanal)
weepy (choroso)
weighty (pesado)
weird (estranho)
welcome (bem-vindo)
wet (molhado)
which (qual)
whimsical (extravagante)
whispering (sussurrante)
white (branco)
whole (inteiro)
wholesale (de atacado)
whopping (imenso)
wicked (perverso)
wide (largo)
wiggly (sinuoso)
wild (selvagem)
willing (disposto)
winding (sinuoso)
windy (ventoso)
winged (alado)
wireless (sem fio)
wiry (resistente)
wise (sábio)
wistful (pensativo)
witty (espirituoso)
woeful (pesaroso)
womanly (feminino)
wonderful (maravilhoso)
wooden (de madeira)
woozy (tonto)
wordless (sem palavras)
wordy (prolixo)
workable (executável)
worldly (mundano)
worn (usado)
worried (preocupado)
worrisome (preocupante)
worse (pior)
worst (péssimo)
worthless (inútil)
worthwhile (que vale a pena)
worthy (valioso)
wretched (deplorável)
writhing (retorcido)
wrong (incorreto)
wry (irônico)

Y

yawning (bocejante)
yearly (anual)
yeasty (efervescente)
yellow (amarelo)
yellowish (amarelado)
yielding (submisso)
young (jovem)
youthful (juvenil)
yummy (delicioso)

Z

zany (bobo)
zealous (zeloso)
zesty (cítrico)
zippy (ligeiro)
zodiacal (zodiacal)
zonked (exausto)

ANTONYMS OF ADJECTIVES

Adjetivos podem ter diversos significados* e, consequentemente, diversos antônimos. Os mais frequentes estão apresentados a seguir, em **ordem alfabética.**

* Apresentamos ao menos um significado para cada adjetivo.

A

ADJECTIVE ► ANTONYM

abandoned (abandonado) – maintained, supported
abominable (abominável) – lovable, inoffensive
abrupt (abrupto) – calm, gradual
absent (ausente) – present, existent
absolute (absoluto) – limited, mild, meek
absurd (absurdo) – reasonable, logical
abundant (abundante)– scarce, meager
acceptable (aceitável) – displeasing, unpleasant
accurate (exato) – inaccurate, false
active (ativo) – inactive, idle
addicted (adicto) – averse, opposed
adequate (adequate) – inadequate, inappropriate
adhesive (aderente) – loose, free
adjacent (adjacente) – distant, far
admirable (admirável) – repulsive, repelling
advantageous (vantajoso) – hurtful, unfavorable
adverse (adverso) – favorable, lucky
affable (afável) – sour, impolite
affectionate (afetuoso) – unkind, careless
afraid (assustado) – fearless, courageous

ADJECTIVE ► ANTONYM

agreeable (agradável) – disagreeable, unpleasant
airy (etéreo) – heavy, dull
alien (estranho) – familiar, usual, alike
alive (vivo) – dead, lifeless
all (todo) – no, incomplete
amazing (espantoso) – ordinary, insignificant
ambiguous (ambíguo) – clear, explicit
ambitious (ambicioso) – humble, indifferent
amiable (amável) – disagreeable, ill-tempered
ancient (antigo) – modern, new
anxious (ansioso) – calm, confident
apparent (evidente) – unlikely, improbable
appropriate (adequado) – unfitting, improper
artificial (artificial) – natural, real
attentive (atencioso) – negligent, inattentive
attractive (atraente) – boring, repulsive
austere (austero) – mild, gentle
awake (desperto) – asleep, ignorant
awesome (espantoso) – tiring, awful, uninteresting
awful (aterrador) – agreeable, attractive
awkward (inábil) – clever, skillful

B

ADJECTIVE ► ANTONYM
backward (para trás) – forward, ahead
bad (mau) – good, great
banal (banal) – original, new
barbarous (bárbaro) – civilized, cultured
basic (básico) – auxiliary, extra
beautiful (belo) – ugly, awkward, dull
bent (curvado) – straight
best (ótimo) – worst
bestial (bestial) – superior
better (melhor) – worse, inferior
big (grande) – little, small

ADJECTIVE ► ANTONYM
bitter (amargo) – sweet, calm, kind
black (preto) – white, happy
bleak (árido) – sunny, bright, cheerful
blunt (cego) – sharp, polite, pointed
bold (audaz) – meek, timid
bottom (fundo) – top, nonessential
bound (atado) – unbound, free
boundless (ilimitado) – limited, calculable
brave (valente) – afraid, careful, coward
bright (brilhante) – dim, dull, dark
broad (amplo) – limited, narrow

C

ADJECTIVE ► ANTONYM
calm (calmo) – rough, troubled
candid (cândido) – artful, tricky
capable (capaz) – inefficient
captive (cativo) – free, loose, disillusioned
captious (capcioso) – uncritical, charitable
casual (casual) – deliberate, formal
careful (cuidadoso) – careless, foolish
cautious (cauteloso) – careless, inattentive
certain (certo) – uncertain, doubtful
changeable (mutável) – constant, stable
charming (encantador) – disagreeable, disgusting
cheap (barato) – expensive, costly, dear
cheerful (alegre) – sad, dull, weary
chief (principal) – auxiliary, secondary
childish (infantil) – experienced, wise, mature
choleric (colérico) – angerless, calm
clean (limpo) – dirty, filthy
clear (claro) – dark, opaque
clever (hábil) – stupid, slow
close (próximo) – far, distant, open
closed (fechado) – open, running

ADJECTIVE ► ANTONYM
clumsy (desajeitado) – graceful
cold (frio) – hot, warm
comfortable (confortável) – cold, cool, uncomfortable
comic (cômico) – tragic, deplorable
common (comum) – rare, unusual
compact (compacto) – loose, diffuse
complete (completo) – incomplete, defective
complex (complexo) – easy, simple
compulsory (compulsório) – voluntary, optional
concise (conciso) – diffuse, wordy
concrete (concreto) – abstract, indefinite
confident (confiante) – uncertain, dubious
conscious (consciente) – insensible, unconscious
considerate (atencioso) – unkind, mean
consistent (consistente) – inconsistent, dishonest
conspicuous (visível) – hidden, concealed
constructive (construtivo) – fruitless, incapable, destructive

ADJECTIVE ► ANTONYM
continual (continuo) – broken, ceasing, intermittent
contrary (contrário) – like, similar
convenient (conveniente) – harmful, inconvenient, disadvantageous
cool (fresco) – warm, hot, agitated
cordial (cordial) – hostile, unfriendly
correct (correto) – incorrect, wrong
corrupt (corrupto) – clean, pure

ADJECTIVE ► ANTONYM
courageous (corajoso) – afraid, cautious, fearful
courteous (polido) – impolite, rude
crazy (louco) – calm, reasonable
creative (inventivo) – destructive, impractical
crooked (torto) – straight, unbent, good
cruel (cruel) – compassionate, kind
cunning (esperto) – blunt, ignorant
curious (curioso) – indifferent, uninterested

D

ADJECTIVE ► ANTONYM
dainty (gostoso) – crude, tasteless, ugly
dangerous (perigoso) – safe, pleasing
dark (escuro) – light, cheerful, clean
dead (morto) – alive, lively, living
dear (caro) – unfriendly, cheap, worthless
decent (decente) – improper, unreliable
decreasing (decrescente) – increasing
deep (fundo) – shallow, narrow, restricted
deficient (deficient) – abundant, adequate
definite (definido) – doubtful, fuzzy, indefinite
deformed (disforme) – beautiful, graceful
deft – awkward, inept, rude
deliberate (consciente) – incautious, hasty
delicate (delicado) – callous, firm, rough
delicious (delicioso) – disagreeable, nasty, tasteless
delightful (agradável) – sorrowful, miserable
demented (louco) – balanced, calm, sane
dense (denso) – thin, rare
desert (deserto) – cultivated, inhabited
dependent (dependente) – free, independent
desirable (desejável) – undesirable, evil
desolate (desolado) – pleasant, populated
desperate (desesperado) – confident, hopeful
despicable (desprezível) – high, noble
destructive (destrutivo) – beneficial, useful
determined (determinado) – irresolute, weak

ADJECTIVE ► ANTONYM
devilish (infernal) – angelic, good, moral
dictatorial (ditatorial) – democratic, humble
different (diferente) – similar, alike
difficult (difícil) – easy, simple
diffuse (difuso) – condensed, compact
dim (obscurecido) – bright, cheerful, clear
direct (direto) – ambiguous, tricky
dirty (sujo) – clean, bright, neat
discourteous (descortês) – courteous, civil, polite
discreet (discreto) – indiscreet, incautious
diseased (doente) – healthy, nice
disgusting (repugnante) – likable, lovable
dishonest (desonesto) – honest, upright
dismal (triste) – cheerful, bright, clear
dissolute (dissoluto) – pure, virtuous
distant (distante) – close, near
distinct (preciso) – obscure, vague
distinguished (notável) – obscure, humble
divergent (divergente) – alike, correspondent, convergent
divine (divino) – evil, profane
docile (docile) – stubborn, determined
doleful (triste) – cheerful, elated, happy
domestic (caseiro) – wild, untamed
dominant (dominante) – impotent, inferior
done (pronto) – incomplete, raw

ADJECTIVE ► ANTONYM
down (descendente) – above, happy
dreary (desanimado) – cheerful, colorful, exciting
drunk (bêbado) – sober, steady

ADJECTIVE ► ANTONYM
dry (seco) – moist, wet
dubious (dúbio) – certain, believable
dull (obscuro) – bright, shiny
durable (durável) – passing, transitory

E

ADJECTIVE ► ANTONYM
eager (ávido) – calm, cool
early (cedo) – late, future, old
earnest (sério) – frivolous, light
east (leste) – west
easy (fácil) – hard, difficult
eccentric (excêntrico) – regular, normal
economical (econômico) – generous, wasteful
educated (educado) – ignorant, uneducated
effective (eficaz) – inoperative, inefficient
effeminate (efeminado) – manly, masculine
effervescent (efervescente) – flat, sedate
efficient (eficiente) – inefficient, inept
egotistic (egotista) – altruistic, humble
elaborate (elaborado) – plain, common
elastic (elástico) – rigid, inflexible, stiff
elated (exultante) – depressed, disappointed
elegant (elegante) – dull, old-fashioned
elementary (elementar) – advanced, complex
eloquent (eloquente) – apathetic, calm
eminent (eminente) – obscure, unknown
emphatic (enfático) – uncertain, indefinite
empty (vazio) – full, aware, occupied
endless (infinito) – ceasing, changeable, finite
enigmatic (enigmático) – clear, explicit, obvious
enormous (imenso) – tiny, small

ADJECTIVE ► ANTONYM
enough (suficiente) – scarce, insufficient
envious (invejoso) – confident, kind, amicable
equable (uniforme) – changeable, irregular, variable
equal (igual) – unequal, different, unlike
erroneous (errôneo) – accurate, correct, precise
ethical (ético) – immoral, corrupt, dishonest
even (liso) – uneven, rough, odd
evident (evidente) – obscure, dubious, hidden
evil (ruim) – good, aiding, friendly
exact (exato) – inaccurate, loose, obscure
excellent (excelente) – bad, inferior, ordinary
excited (agitado) – calm, indifferent, unexcited
exhausted (exausto) – fresh, keen, ready
expensive (caro) – inexpensive, cheap
experienced (experiente) – ignorant, inept, inexperienced
explicit (explícito) – doubtful, false, inexact
exterior (exterior) – interior, central, middle
external (externo) – internal, intrinsic, native
extravagant (extravagante) – usual, plain, moderate
extreme (extremo) – moderate, limited
exuberant (exuberante) – sterile, dull, depressed

F

ADJECTIVE ► ANTONYM

fabulous (fabuloso) – ordinary, usual
factitious (artificial) – natural, genuine
facultative (facultativo) – obligatory, disabling
faddish (novidadeiro) – unstylish, unfashionable
faint (desmaiado) – brave, courageous, athletic
fair (limpo) – dishonest, unfair
faithful (fiel) – untrue, unfaithful
faithless (infiel) – true, loyal
fake (fraudulento) – real, natural, genuine
false (falso) – true, correct, sincere
fallacious (enganador) – valid, correct
fallible (falível) – infallible, perfect
familiar (íntimo) – unfamiliar, distant
famous (famoso) – unknown
fanatical (fanático) – broad, passionless
fanciful (imaginário) – reasonable, normal
fantastic (fantástico) – common, real
far (remoto) – nearby, short, close
farsighted (perspicaz) – shortsighted
fashionable (elegante) – unfashionable, antique
fast (rápido) – slow, rough, lazy
fastened (fixo) – unfastened, unbarred
fastidious (meticuloso) – casual, careless
fat (gordo) – thin, slender
fatal (fatal) – healthy, vital
fateful (decisivo) – indecisive, fortunate
fatuous (ilusório) – bright, aware
faulty (falho) – perfect, accurate
favorable (favorável) – bad, harmful
fearless (destemido) – shy, fearful
feasible (possível) – impossible, improper
feeble (fraco) – strong, powerful
felonious (perverso) – noble, generous
feminine (feminino) – masculine, manly
ferocious (feroz) – mild, gentle
fervent (intense) – cool, impassive
few (poucos) – many, some, numerous
fictitious (fictício) – true, genuine
fierce (feroz) – mild, peaceful
fiery (ardente) – dull, monotonous

ADJECTIVE ► ANTONYM

fine (excelente) – bad, cheap, dull
firm (firme) – weak, shaky, loose
first (primeiro) – last, ultimate
flaccid (flácido) – firm, solid
flashy (vistoso) – sober, simple
flat (plano) – sharp, acrid, bubbling
flawless (perfeito) – imperfect, damaged
flexible (flexível) – stiff, inflexible, rigid
flimsy (frágil) – thick, solid, opaque
fluent (fluente) – hesitant, unprepared
fond (afetuoso) – distant, cold
foolish (tolo) – wise, keen
fore (dianteiro) – aft, back, astern
foreign (estrangeiro) – domestic, local, native
formal (formal) – informal, ordinary
former (anterior) – latter, future, present
formidable (formidável) – trivial, powerless
fortunate (afortunado) – unfortunate, unlucky
foul (imundo) – clean, sweet, pure
foxy (astuto) – foolish, dull
fragile (frágil) – strong, lusty, tough
frank (franco) – secretive, deceptive
frantic (frenético) – quiet, calm, peaceful
free (livre) – bound, captive
frequent (frequente) – rare, occasional
fresh (fresco) – stale, aged, impure
friendly (amigável) – unkind, antagonistic
frightful (horroroso) – pleasing, attractive
frigid (frígido) – warm, ardent
frivolous (frívolo) – serious, earnest
front (frontal) – back, rear
frozen (congelado) – friendly, melted
fruitful (frutífero) – unproductive, fruitless
fruitless (estéril) – productive, generative
full (cheio) – empty, incomplete
fundamental (fundamental) – superficial, auxiliary
funny (divertido) – serious, grave
furious (furioso) – calm, gentle, cheerful
furtive (furtivo) – open, brazen
futile (fútil) – effective, efficient

G

ADJECTIVE ► ANTONYM

gallant (cortês) – crude, shy, afraid
garrulous (prolixo) – silent, reserved
gaudy (exagerado) – somber, solemn
gaunt (esquálido) – fat, stout, obese
gay (alegre) – dull, depressed
general (geral) – particular, definite
generic (genérico) – specific, individual
generous (generoso) – greedy, mean
genial (cordial) – moody, gloomy
genteel (gentil) – rough, stupid
gentle (suave) – rough, rude
genuine (genuíno) – false, artificial
giant (gigante) – tiny, small, dwarf
gigantic (gigantesco) – small, short, little
girlish (juvenil) – mature
glad (alegre) – sad, gloomy
glassy (vítreo) – opaque, obscure
gloomy (triste) – cheerful, joyous, gay
glorious (glorioso) – infamous, wicked

ADJECTIVE ► ANTONYM

glossy (lustroso) – dull, dimmed
godly (divino) – sinful, profane, bad
good (bom) – bad, evil, wicked
gorgeous (esplêndido) – plain, simple
graceful (gracioso) – awkward, ungraceful, rude
gracious (gracioso) – rough, vulgar, ungracious
grand (grande) – shabby, inferior
grateful (grato) – ungrateful, thankless
gratuitous (gratuito) – deserved, warranted
great (grande) – tiny, small, unimportant
greedy (cobiçoso) – charitable, prodigal
grievous (doloroso) – light, harmless
grim (severo) – pleasant, mild, bland
grisly (medonho) – pleasing, attractive
gross (grosso) – fine, delicate
gruesome (horrível) – unalarming, inviting
guilty (culpado) – innocent, guiltless

H

ADJECTIVE ► ANTONYM

habitual (habitual) – rare, uncommon
hackneyed (banal) – original, fresh
haggard (pálido) – colorful, strong
hale (robusto) – decrepit, feeble
handsome (vistoso) – ugly, ungraceful
handy (útil) – unhandy, clumsy
haphazard (casual) – aware, planned
happy (feliz) – sad, unhappy
hard (duro) – soft, yielding, light
harmless (inócuo) – harmful, hurtful, bad
harmonious (harmonioso) – discordant, disagreeable
harsh (áspero) – mild, gentle, easy
hasty (apressado) – patient, slow, careful

ADJECTIVE ► ANTONYM

hateful (odioso) – lovable, winsome
hazardous (arriscado) – safe, real, immutable
hazy (nebuloso) – clear, transparent, distinct
healthy (sadio) – diseased, ill, sick
hearty (sincero) – insincere, deceitful
heavenly (celeste) – abominable, hellish
heavy (pesado) – light, slight, trivial
hellish (infernal) – good, pleasant
helpful (útil) – adverse, damaging
helpless (indefeso) – capable, almighty
heroic (heroico) – cowardly, fearful
heterogeneous (heterogêneo) – alike homogeneous
hideous (horrível) – beautiful, attractive

ADJECTIVE ► ANTONYM

high (alto) – low, deep, short
hilarious (hilariante) – glum, cheerless
hollow (oco) – full, solid, massive
holy (sagrado) – wicked, sinful
homely (feio) – beautiful, refined
homogeneous (homogêneo) – mixed heterogeneous
honest (honesto) – dishonest, unfair
honorable (honrado) – dishonest, inglorious
hopeless (desesperançado) – hopeful, encouraging
horizontal (horizontal) – inclined, upright, vertical
horrible (horrível) – pleasant, attractive

ADJECTIVE ► ANTONYM

hospitable (hospitaleiro) – inhospitable, antisocial
hostile (hostil) – friendly, devoted
hot (quente) – cold, frigid, freezing
huge (imenso) – small, tiny, wee
human (humano) – immortal, inhuman
humane (humanitário) – abusive, atrocious
humble (humilde) – proud, arrogant
humorous (humorístico) – affecting, corny, grave
hungry (faminto) – aloof, full, satisfied
hurtful (danoso) – acceptable, benign
hypocritical (hipócrita) – honest, reliable
hypothetic (hipotético) – proved, confirmed

I

ADJECTIVE ► ANTONYM

icy (gelado) – fiery, torrid, friendly
ideal (ideal) – actual, real, material
identical (idêntico) – different, distinct
idle (ocioso) – active, busy, diligent
ignoble (desprezível) – noble, decent
ignominious (vergonhoso) – approved, blameless
ignorant (ignorante) – aware, educated
ill (doente) – healthy, well
illegal (ilegal) – approved, correct, legal
illiterate (analfabeto) – literate, educated
imaginary (imaginário) – real, evident
immature (imaturo) – mature, adult, ripe
immense (imenso) – tiny, small
imminent (iminente) – distant, improbable
immoral (immoral) – moral, amoral, pure
immortal (imortal) – mortal, transitory
immovable (imóvel) – mobile, inconstant
impartial (imparcial) – partial, artful
impassive (insensível) – responsive, tender
impatient (impaciente) – patient, calm, cool
impeccable (impecável) – defective, imperfect

ADJECTIVE ► ANTONYM

imperative (imperativo) – voluntary, optional, chosen
imperious (dominante) – submissive, humble, meek
impertinent (impertinente) – polite, humble
impetuous (impetuoso) – calm, steady
impious (ímpio) – pious, inspired, holy
implacable (implacável) – lenient, tolerant
important (importante) – unimportant, trivial
importunate (importuno) – calm, careless
imposing (imponente) – bad, mean, trivial, common
impotent (impotente) – strong, potent, mighty
impregnable (inabalável) – breakable, destructible
impressive (impressionante) – mild, insignificant, unexciting
improper (impróprio) – proper, fitting, adequate
imprudent (imprudente) – prudent, provident, wise
impulsive (impulsive) – cautious, careful

ADJECTIVE ► ANTONYM

impure (impure) – clean, pure, immaculate
inactive (inativo) – active, live, busy
inadequate (inadequado) – adequate, suitable
inappropriate (impróprio) – suitable, appropriate, correct
incessant (incessante) – intermittent, occasional
incidental (eventual) – fundamental, basic, planned
incompatible (incompatível) – compatible, harmonious
incompetent (incompetente) – skillful, dexterous
incongruous (incongruente) – suitable, consistent, compatible
inconstant (inconstante) – constant, reliable
indecent (indecente) – decent, virtuous
indefinite (indefinido) – definite, exact
independent (indefinido) – dependent, subordinate
indifferent (indiferente) – attentive, interested, outstanding
indigenous (nativo) – foreign, imported
indirect (indireto) – direct, straight, straightforward
indispensable (indispensável) – unnecessary, superfluous
indistinct (indistinto) – clear, distinct, plain
individual (individual) – general, universal
industrious (diligente) – inactive, idle
ineffective (ineficaz) – effective, adequate
inefficient (ineficiente) – competent, efficient
inept (inepto) – apt, competent
inevitable (inevitável) – uncertain, unlikely, avoidable
inexorable (inexorável) – kind, gentle, merciful
infamous (infame) – good, noble, worthy
infatuated (enamorado) – disenchanted, disinterested, despising
infernal (infernal) – heavenly, divine
infinite (infinito) – limited, definite, finite
inflexible (inflexível) – flexible, adaptable
ingenious (criativo) – dull, foolish, dumb, inept

ADJECTIVE ► ANTONYM

ingenuous (ingênuo) – cunning, sly, tricky, deceitful
inherent (inerente) – superficial, incidental, acquired
inhuman (desumano) – affectionate, civilized, human
injurious (prejudicial) – beneficial, helpful
inner (interior) – outer, exterior
innocent (inocente) – guilty, blameful
innocuous (inócuo) – poisonous, malefic
inquisitive (curioso) – incurious, indifferent, uninterested
insane (insane) – sane, sound, lucid
insensible (insensível) – conscious, aware
inside (interno) – outside, exterior
insidious (traiçoeiro) – open, frank, candid
insipid (insípido) – tasty, flavored
insolent (insolente) – gentle, polite
insolvent (insolvente) – solvent, wealthy
instantaneous (instantâneo) – delayed, slow, gradual, late
intact (intacto) – defective, spoiled
intellectual (intelectual) – dull, stupid
intelligent (inteligente) – stupid, foolish
intelligible (inteligível) – unintelligible, ambiguous, confusing
intemperate (imoderado) – temperate, moderate
intentional (intencional) – chancy, accidental, aimless
interested (interessado) – indifferent, bored, inattentive, apathetic
interesting (interessante) – boring, tiring
interior (interior) – exterior, foreign
interminable (interminável) – ending, brief, ceasing, limited
intermittent (intermitente) – incessant, constant
internal (interno) – external, outer
intimate (íntimo) – formal, distant
intolerable (intolerável) – pleasant, comforting
intrepid (intrépido) – afraid, shy
intricate (intricado) – clear, direct, orderly

ADJECTIVE ► ANTONYM

intrinsic (intrínseco) – extrinsic, objective
intrusive (intrusive) – extrusive, quiet, reclusive
invidious (odioso) – pleasant, satisfying
invincible (invencível) – weak, fragile
irrational (irracional) – rational, logical
irreligious (descrente) – pious, godly, devout

ADJECTIVE ► ANTONYM

irresolute (indeciso) – resolute, firm, determined
irresponsible (irresponsável) – reliable, responsible, steady
irritable (irritável) – insensitive, enduring, cool

J

ADJECTIVE ► ANTONYM

jagged (dentado) – even, smooth
jammed (congestionado) – unfixed, loose
jaunty (vivaz) – depressed, serious
jazzy (animado) – sleepy, indolent
jealous (ciumento) – true, loyal, faithful
jellied (gelatinoso) – liquid, gaseous

ADJECTIVE ► ANTONYM

jolly (alegre) – solemn, gloomy, joyless
jubilant (exultante) – gloomy, sorrowful
judicious (criterioso) – foolish, silly, irrational
junior (secundário) – senior, superior
just (justo) – unjust, unfair, unequal
juvenile (juvenil) – old, senile, venerable

K

ADJECTIVE ► ANTONYM

keen (aguçado) – dull, blunt, thick, stupid
keyed (provido de chaves) – unkeyed, keyless, atonal
kiddish (infantil) – experienced, grow-up
killing (fatal) – harmless, assisting
kind (bondoso) – brutal, malevolent

ADJECTIVE ► ANTONYM

kindly (benevolente) – mean, uncaring
kindred (relacionado) – dissimilar, irrelevant
king-size (enorme) – small, insignificant
knotty (emaranhado) – easy, smooth
knowledgeable (culto) – ignorant, uninformed
known (conhecido) – unknown, unidentified

L

ADJECTIVE ► ANTONYM

laborious (trabalhoso) – easy, slow
lacking (deficiente) – abundant, enough
laconic (lacônico) – diffuse, wordy, prolix
ladylike (elegante) – unrefined

ADJECTIVE ► ANTONYM

lame (manco) – agile, quick, active
lamentable (lamentável) – glorious, good, cheerful
languid (lânguido) – brisk, lively, eager

ADJECTIVE ► ANTONYM

large (grande) – small, little, insignificant
lascivious (lascivo) – pure, virtuous, clean
last (último) – first, leading
lasting (duradouro) – temporary, ephemeral
late (tardio) – prospective, future, early
latent (latente) – evident, active
laughable (engraçado) – grave, sorrowful
lavish (pródigo) – austere, mean, sparse
lawful (lícito) – unlawful, prohibited
lawless (ilegal) – obedient, loyal
lax (frouxo) – tight, firm, hard
lazy (preguiçoso) – lively, brisk, alert
learned (erudito) – ignorant, shallow
left (esquerdo) – right, conservative
leftist (esquerdista) – rightist, center
legal (legal) – unfair, unjust, illegal
legendary (lendário) – real, true
lenient (clemente) – demanding, inclement
less (menos) – more, exceptional
liable (responsável) – excusable, irresponsible, unbound
liberal (liberal) – conservative, desirous
lifeless (morto) – alive, living, animated
light (claro) - dark, heavy
like (semelhante) – different, unlike

ADJECTIVE ► ANTONYM

likely (provável) – unlikely, implausible
limited (limitado) – boundless, whole
limpid (límpido) – muddy, obscure
liquid (líquido) – solid, dense, firm
literal (literal) – misleading, false
little (pequeno) – big, much, large
livid (lívido) – brilliant, radiant
lofty (elevado) – low, quiet, introverted
logical (lógico) – illogical, absurd
long (longo) – short, abridged, small
loose (solto) – tight, strict, precise
loud (barulhento) – low, quiet, soft
lovely (encantador) – ugly, plain, repulsive
low (baixo) – high, tall, lofty, elevated
loyal (leal) – unfaithful, unreliable, false
lucid (lúcido) – insensible, foolish, unclear
lucky (afortunado) – unlucky, unfortunate
ludicrous (ridículo) – grave, believable
luminous (luminoso) – somber, cloudy
luscious (saboroso) – bland, dull, dry, distasteful, nasty
lush (opulento) – sparse, arid, meager
luxuriant (viçoso) – poor, barren, plain
lying (falso) – true, candid, actual
lyrical (lírico) – harsh, strident

M

ADJECTIVE ► ANTONYM

macabre (macabro) – agreeable, enjoyable
macroscopic (macroscópico) – small, microscopic
mad (louco) – sane, steady, happy
magic (mágico) – ordinary, natural
magisterial (magistral) – submissive, undignified
magnanimous (generoso) – selfish, mean, uncharitable
magnificent (suntuoso) – homely, humble, common

ADJECTIVE ► ANTONYM

main (principal) – slight, collateral, secondary
majestic (grandioso) – humble, inferior, low, lowly, shabby
major (principal) – little, trivial, minor
male (macho) – female, womanly
malevolent (malévolo) – amiable, kind
malign (maligno) - benign, friendly
manifest (evidente) – hidden, concealed
manly (viril) – weak, afraid, cowardly
many (muitos) – few, single

ADJECTIVE ► ANTONYM

maritime (marítimo) – earthy, terrestrial, inland
martial (marcial) – peaceful, pacific
marvelous (maravilhoso) – ordinary, credible, natural
masculine (masculino) – feminine
massive (maciço) – limited, slight
material (material) – immaterial, airy
mature (maduro) – immature, childish, raw, unready, unripe
meager (escasso) – sufficient, abundant
mean (moderado) – generous, unselfish, unusual
meaningful (significativo) – insignificant, minor, small, trivial
measurable (mensurável) – insignificant, imperceptible, undeterminable
measureless (ilimitado) – definite, precise, limited
mediocre (mediocre) – fantastic, distinguished
medium (mediano) – good, excellent
meek (dócil) – egoistic, harsh, cruel
melancholic (melancólico) – cheering, gay, lively
mellow (maduro) – immature, sour, acrid
melodious (melodioso) – tuneless, dissonant
melted (derretido) – frozen, unmelted
memorable (memorável) – unimportant, forgettable
mental (mental) – physical, rational, material
merciful (misericordioso) – cruel, mean, fierce, merciless, hateful
mercurial (volúvel) – steady, uniform
meritorious (meritório) – unworthy, deplorable
merry (alegre) – sad, moody, desolate
messy (desarrumado) – fussy, neat, tidy
methodical (sistemático) – unsystematic, irregular

ADJECTIVE ► ANTONYM

meticulous (meticuloso) – neglectful, negligent, careless, imprecise
mighty (potente) – weak, poor, delicate
mild (suave) – severe, rough, rude
mindful (cauteloso) – insensible, careless
minor (menor) – major, important
miraculous (milagroso) – common, usual
miserable (miserável) – happy, wealthy, good, rich
miscellaneous (variado) – alone, single, similar, uniform
mobile (móvel) – settled, still, stiff
moderate (moderado) – great, considerable
modern (modern) – ancient, old, outdated, primitive
modest (modesto) – extravagant, impressive
moist (úmido) – dry, arid, desert
monotonous (monótono) – varied, versatile
monstrous (monstruoso) – pleasant, normal
moral (moral) – naughty, unscrupulous, unmoral
morbid (mórbido) – healthy, sound, lively
more (mais) – fewer, less
mortal (mortal) – safe, immortal, harmless
motionless (inerte) – moving, restless
mournful (pesaroso) – joyful, jovial, merry
muddy (lamacento) – clear, clean
mundane (mundano) – heavenly, celestial
mushy (mole) – hard, stiff, unfeeling
musical (musical) – discordant, harsh, dissonant
mute (mudo) – vocal, articulate, voiced
mutual (mútuo) – separated, dissociated
mysterious (misterioso) – bright, clear, evident, familiar

N

ADJECTIVE ► ANTONYM
naïve (ingênuo) – incredulous, insincere
naked (nu) – covered, dressed, hidden
nameless (anônimo) – named, known, famous
nappy (felpudo) – smooth, clear, straight
narrow (estreito) – wide, broad, big
nasty (detestável) – clean, sweet, pleasing
native (nativo) – foreign, alien
natural (natural) – unnatural, casual
naughty (travesso) – good, decent, obedient
nauseous (repugnante) – pleasant, nice, soothing
near (próximo) – far, distant, past
neat (limpo) – messy, untidy, dirty
necessary (necessário) – unnecessary, useless
negligent (negligente) – careful, keen, alert
nervous (nervoso) – calm, relaxed, easy
neutral (neutro) – biased, predisposed
new (novo) – old, ancient, secondhand

ADJECTIVE ► ANTONYM
nice (bom) – bad, ugly, nasty, horrible
nightly (noturno) – daily, diurnal
noble (nobre) – mean, deceitful
noiseless (silencioso) – sounding, noisy, audible
noisy (ruidoso) – quiet, peaceful, plain
nominal (nominal) – real, costly, significant
normal (normal) – extraordinary, irregular, odd
north (norte) – south
nosy (curioso) – indifferent, reclusive
notable (notável) – unknown, obscure
notorious (notório) – unknown, inconspicuous
noxious (nocivo) – inoffensive, harmless, healthy, helpful, kind
nude (nu) – dressed, covered
numerous (numeroso) – few, scarce, sparse
nutritional (nutritivo) – unhealthy, insalubrious

O

ADJECTIVE ► ANTONYM
obedient (obediente) – disobedient, stubborn, willful
obese (obeso) – lean, thin, slender
objectionable (censurável) – dreamy, sanctioned
oblique (oblíquo) – immediate, straightforward
oblivious (desatento) – mindful, aware
obscene (obsceno) – pure, upright, honorable
obscure (obscuro) – blatant, clear, evident
obsequious (servil) – bold, impudent
observant (atento) – heedless, careless, inattentive, indifferent
obsolete (obsoleto) – new, recent, modern
obstinate (obstinado) – gentle, receptive
obtuse (obtuso) – acute, imaginative

ADJECTIVE ► ANTONYM
obvious (óbvio) – complex, mixed, intricate, ambiguous
occasional (casual) – certain, sure
odd (ímpar) – even, uniform, regular
odious (odioso) – pleasing, attractive
offensive (ofensivo) – humble, mild, agreeable, kind
official (oficial) – doubtful, vague, improper, inexact
oily (gorduroso) – dull, dim, dry
old (velho) – young, new, modern
ominous (sinistro) – bright, favorable, encouraging, auspicious
onerous (oneroso) – insignificant, unessential
opaque (opaco) – clear, transparent

ADJECTIVE ► ANTONYM

open (aberto) - closed, shut, blocked
opposite (oposto) - same, similar
optimistic (otimista) – pessimistic
orderly (organizado) – chaotic, disorderly, confused, haphazard
ordinary (ordinário) – uncommon, extraordinary, unique
original (original) – deriving, last, used
ornamental (ornamental) - functional, utilitarian
ostensible (ostensivo) – obscure, shadowy, improbable
outrageous (ultrajante) – inoffensive, peaceful, gentle, mild
outstanding (destacado) – ordinary, common, humble
outward (externo) – inner, internal
overbearing (arrogante) – meek, humble, inferior
overwhelming (esmagador) – resistible, mild

P

ADJECTIVE ► ANTONYM

pacific (pacífico) – quarrelsome, hostile
painful (doloroso) – painless, tolerable
pale (pálido) – bright, glowing, shiny
palpable (palpável) – concealed, implied
parallel (paralelo) – irregular, distorted
paramount (superior) – inferior, minor
parsimonious (parcimonioso) – generous, profuse
partial (parcial) – neutral, just, complete
particular (particular) – generic, public, vague
passionate (apaixonado) – impassive, apathetic
passive (passivo) – active, live, dynamic
past (passado) – present, future, coming
pathetic (patético) – great, glorious
patient (paciente) – impatient, excitable
peaceful (pacífico) – turbulent, agitated
peerless (incomparável) – comparable, mediocre, imperfect, inferior
penetrating (penetrante) – kind, nice, dull, blunt, stupid
peremptory (autoritário) – easy-going, indulgent, lenient, mild
perfect (perfeito) – imperfect, deficient, incomplete
periodic (periódico) – uncertain, unusual, irregular, variable
permanent (permanente) – passing, brief, temporary
pernicious (pernicioso) – healthy, innocuous, inoffensive
pertinent (pertinente) – unsuitable, inappropriate
perverse (perverso) – good-natured, friendly
pessimistic (pessimista) – optimistic, confident
philanthropic (filantrópico)– misanthropic, antisocial
physical (físico) – immaterial, mental, intellectual
pious (devote) – impious, wicked
pitiful (compassivo) – happy, cheerful, fortunate, glad, good
pitiless (impiedoso) - merciful, kind, charitable, sympathetic
plain (simples) – complex, intricate, obscure, unclear
plausible (plausível) – unlikely, improbable
playful (brincalhão) – grave, formal, solemn
pleasant (agradável) – unpleasant, disagreeable
plentiful (abundante) – scarce, few, short, little
plural (plural) – singular
poisonous (venenoso) – good, healthy, harmless

ADJECTIVE ► ANTONYM

polite (polido) – rude, impolite, rough
poor (pobre) – rich, wealthy
popular (popular) – unpopular, hateful
positive (positivo) – negative, uncertain, fallible
possible (possível) – impossible, unlikely
potent (potente) – weak, fragile, impotent
powerful (poderoso) – feeble, fragile, impotent
precarious (precário) – certain, steady
preceding (precedente) – subsequent, following
precious (valioso) – worthless, insignificant
precise (exato) – inexact, careless, negligent
predominant (predominante) – subordinate, dependent
premature (prematuro) – late, delayed, retarded
premeditated (premeditado) – spontaneous, accidental
present (presente) – past, future, coming
presumptuous (presunçoso) – modest, slavish, shy, cautious
pretty (belo) – ugly, common, ungraceful
prevailing (predominante) – isolated, sporadic, limited, uncommon, restricted
previous (prévio) – succeeding, posterior, future

ADJECTIVE ► ANTONYM

primary (primário) – secondary, subsequent, advanced
principal (principal) – secondary, auxiliary, inessential, inferior
private (privado) – impersonal, open, public
proficient (competente) – awkward, clumsy, incapable
profound (profundo) – shallow, slight
prolix (prolixo) – short, brief, concise
prominent (proeminente) – depressed, sunken, common, obscure
promiscuous (promíscuo) – careful, moral, nice, select, unmixed
proper (apropriado) – improper, inappropriate, unfitting
propitious (propício) – unfavorable, harmful, inopportune
proud (orgulhoso) – modest, humble
prudent (prudente) – imprudent, impetuous
puerile (pueril) – experienced, wise
punctual (pontual) – unpunctual, uncertain, late, tardy
pure (puro) – impure, contaminated, dirty
puzzling (enigmático) – precise, obvious

Q

ADJECTIVE ► ANTONYM

quaint (singular) – ordinary, common
qualified (qualificado) – unqualified, inept, incapable
quarrelsome (brigão) – peaceful, inoffensive
queer (esquisito) – common, usual
querulous (queixoso) – cheerful, agreeable, easy-going

ADJECTIVE ► ANTONYM

questionable (controverso) – certain, unequivocal, definite
quick (rápido) – slow, tardy, creeping
quiet (quieto) – loud, noisy

R

ADJECTIVE ► ANTONYM

radical (radical) – superficial, partial
rampant (violento) – patient, tolerant
rancid (rançoso) – fresh, sound, sweet
random (casual) – planned, designed
rapid (ligeiro) – slow, tardy
rare (raro) – common, ordinary
rarefied (rarefeito) – dense, thick
rash (impetuoso) – cautious, slow
rational (racional) – foolish, irrational
raw (cru) – cooked, trained
ready (pronto) – unprepared, improper
real (real) – unreal, false
rear (posterior) – front, forward
reasonable (moderado) – excessive, immoderate, partial
rebellious (rebelde) – docile, dutiful, submissive
reckless (imprudente) – hasty, careless
redundant (redundante) – concise, scarce, necessary, needed
regular (regular) – irregular, inconstant
relevant (relevante) – irrelevant, inconsistent, improper
reliable (fidedigno) – unreliable, dubious, dishonest, false
reluctant (hesitante) – willing, eager

ADJECTIVE ► ANTONYM

remarkable (notável) – ordinary, obscure, common, familiar
remote (remoto) – near, relevant
renowned (renomado) – obscure, unknown, infamous
repugnant (repugnante) – pleasing, harmonious, agreeable
required (exigido) – needless, elective
resilient (elástico) – rigid, stiff, inflexible
resolute (determinado) – unsteady, weak, afraid, flexible
responsible (responsável) – irresponsible, inconstant
restless (inquieto) – steady, calm
rich (rico) – poor, mean
right (direita) – leftish, left, wrong
righteous (justo) – wrong, unjust
rigid (rígido) – soft, pliant, flexible
rigorous (rigoroso) – easygoing, lenient
ripe (maduro) – young, immature, raw
robust (robusto) – weak, feeble, frail
rough (áspero) – smooth, mild, finished
round (redondo) – square, triangular
royal (real) – poor, humble, vulgar
rude (rude) – polite, refined
rugged (áspero) – even, flat, smooth
rustic (rústico) – cultured, refined, stylish

S

ADJECTIVE ► ANTONYM

sacred (sagrado) – impure, profane
sad (triste) – jolly, happy, cheerful
safe (seguro) – unsafe, dangerous
sagacious (sagaz) – foolish, silly
salutary (salutar) – harmful, poisonous
same (igual) – unequal, unlike, distinct

ADJECTIVE ► ANTONYM

sane (são) – insane, irrational, odd
sarcastic (sarcástico) – courteous, polite, bland, calm
satisfactory (satisfatório) – bad, unsatisfactory, inadequate
savage (selvagem) – cultured, cultivated, mild

ADJECTIVE ► ANTONYM
scanty (escasso) – adequate, enough, full, sufficient
scarce (raro) – abundant, plentiful
secret (secreto) – manifest, open, evident, apparent, known
secure (seguro) – insecure, unsafe
sensible (sensato) –excited, foolish, stupid, ignorant
separate (separado) – joined, united, tied, connected
serene (sereno) – confused, disturbed
serious (sério) – trivial, silly, frivolous
shabby (gasto) – prosperous, well-off
shallow (raso) – deep, profound, wise
shameful (vergonhoso) – creditable, respectable, moral
shameless (desavergonhado) – decent, righteous, decent
shapeless (disforme) – uniform, regular
sharp (agudo) – dull, blunt, pointless
short (baixo) – tall, long, profuse
shy (tímido) – outgoing, confident
sick (doente) – healthy, fine, strong
significant (significativo) – unimportant, trivial, insignificant
silent (silencioso) – noisy, talkative
silly (tolo) – wise, serious
similar (similar) – alien, different
simple (simples) – complex, hard complicated
simultaneous (simultâneo) – preceding, following
sincere (sincere) – false, insincere, tricky, deceitful
single (único) – many, married, shared
singular (singular) – plural, ordinary, common, familiar
skeptic (cético) – believer, devotee
slim (esbelto) – fat, large, big
slow (lento) – fast, quick, active
small (pequeno) – large, bulky, deep
smart (sagaz) – stupid, dull, dense
smooth (suave) – rough, rugged
sober (sóbrio) – drunk, excited

ADJECTIVE ► ANTONYM
sociable (sociável) – unsociable, secluded
soft (macio) – hard, rigid, severe
solemn (solene) – unimportant, humble
solitary (solitário) – social, gregarious
sophisticated (requintado) – naïve, simple, unrefined
sorry (triste) – glad, happy, joyous
sound (sadio) – decayed, injured, broken, damaged, weak
sour (ácido) – sweet, pleasant
special (especial) – ordinary, common
specific (específico) – vague, general
spontaneous (espontâneo) – intended, planned, deliberate
sporadic (esporádico) – grouped, clustered, common, constant
stable (estável) – unstable, movable
stately (majestoso) – humble, modest
steady (firme) – irregular, movable
sterile (estéril) – fertile, fruitful
stern (rígido) – lenient, flexible, tolerant
stiff (rijo) – loose, bending, flexible
still (imóvel) – unfixed, unquiet, agitated
stingy (sovina) – generous, liberal
stormy (tempestuoso) – peaceful, cool, calm, quiet
straight (reto) – crooked, distorted
strange (estranho) – normal, usual
strict (rigoroso) – lenient, easy-going
strong (forte) – weak, feeble, delicate
stubborn (teimoso) – flexible, pliable, pliant, reasonable
stupid (estúpido) – sharp, clever, smart
substantial (substancial) – insignificant, meaningless, small, little
successful (próspero) – unsuccessful, poor, unfortunate
sufficient (suficiente) – insufficient, meager, unsatisfactory
suitable (adequado) – unsuitable, inadequate, improper
sullen (sombrio) – cheerful, bright
sunny (ensolarado) – dark, dim, dull

ADJECTIVE ► ANTONYM

superficial (superficial) – serious, significant, important
superfluous (supérfluo) – useful, reasonable, important
surprising (espantoso) – expected, ordinary, predictable

ADJECTIVE ► ANTONYM

sweet (doce) – sour, bitter, salty
synonymous (sinônimo) – unlike, opposed, different
systematic (sistemático) – chaotic, confused

T

ADJECTIVE ► ANTONYM

taboo (tabu) – acceptable, allowable
taciturn (taciturno) – talkative, communicative
tall (alto) – short, little, small
tame (manso) – harsh, rough, wild
tardy (tardio) – prompt, punctual
tasteful (de bom gosto) – homely, inelegant, unattractive
tedious (tedioso) – light, lively
temperate (moderado) – forceful, rude
temporary (temporário) – lasting, permanent
tenacious (tenaz) – irresolute, afraid
tender (suave) – unbreakable, rough
tense (tenso) – flexible, loose, relaxed
terminal (final) – initial, introductory
terrible (terrível) – beautiful, calming, wonderful, comforting
thankful (grato) – ungrateful, thankless
thick (grosso) – thin, skinny, slight, slim, little, easy, small
thin (fino) – big, fat, heavy, large
thoughtful (pensativo) – thoughtless, careless, ignorant, impolite
tidy (arrumado) – chaotic, dirty, disordered, messy, sloppy
tight (apertado) – flexible, loose, slack
timid (tímido) – brave, bold, calm, courageous
tiny (minúsculo) – big, huge, giant

ADJECTIVE ► ANTONYM

tired (cansado) – lively, energized
tough (duro) – easy, tender, delicate
traitorous (traiçoeiro) – loyal, faithful
tranquil (tranquilo) – noisy, unquiet
transcendental (transcendental) – plain, clear, evident
transient (transitório) – lasting, durable
transparent (transparente) – dark, opaque, vague
treacherous (traiçoeiro) – true, faithful, reliable, honest, harmless
trenchant (enérgico) – bland, calm, blunt, gentle, kind
tricky (complicado) – easy, certain, steady, direct, simple
trivial (insignificante) – essential, important, meaningful
truculent (truculento) – cooperative, harmless, tame, mild, gentle
true (verdadeiro) – false, deceptive, disloyal, unreal
tumid (túmido) – shrunken, reduced
tumultuous (tumultuoso) – peaceful, quiet, faint
turbulent (turbulento) – calm, gentle, nice, mild, moderate

U

ADJECTIVE ► ANTONYM

ugly (feio) – beautiful, handsome, nice
ultimate (máximo) – least, minimal, first
uncertain (incerto) – certain, clear, sure, decided, definite
unclean (sujo) – clean, pure
understandable (compreensível) – unreasonable, incomprehensible
uneasy (agitado) – steady, firm, calm
unequal (desigual) – constant, stable, equal
unfit (inadequado) – appropriate, correct, able
unfold (desdobrado) – fold, close
unfortunate (infeliz) – fortunate, happy
ungainly (desajeitado) – handy, agile, graceful, elegant
unhappy (triste) – happy, lucky, correct
uniform (uniforme) – changing, varying, unsteady
unimportant (insignificante) – big, important, eventful
unique (incomparável) – common, general, popular
universal (universal) – private, individual
unknown (desconhecido) – famous, well-known, familiar

ADJECTIVE ► ANTONYM

unqualified (incompetente) – qualified, competent
unruly (ingovernável) – amenable, ruly, controllable
unsafe (perigoso) – safe, harmless, guarded
unseemly (inconveniente) – appropriate, correct, happy
unskilled (não especializado) – expert, competent, educated
unskillful (inábil) – able, capable, ace, expert, skillful
unusual (raro) – usual, ordinary, plain
unutterable (indizível) – communicable, definable
up (ascendente) – down, incomplete, ignorant
upright (reto) – bad, dishonest, flat
upset (perturbado) – calm, clean, happy, content, ordered, organized
urgent (urgente) – slow, foolish, easy, needless, trivial
useful (útil) – inapplicable, useless, inoperable, harmful, incapable
useless (inútil) – applicable, useful, effective
usual (usual) – unusual, rare, extraordinary

V

ADJECTIVE ► ANTONYM

vacant (desocupado) – occupied, full, active, expressive
vagrant (errante) – steady, still, static
vague (vago) – certain, clear, definite
vain (vão) – egoless, humble, efficient, worthy
valiant (valente) – coward, fearful
valid (válido) – illegitimate, invalid, groundless
valuable (valioso) – useless, cheap, inexpensive, worthless

ADJECTIVE ► ANTONYM

valueless (sem valor) – useful, valuable, worthy
variable (inconstante) – established, fixed, constant
varied (variado) – uniform, like, same, homogeneous, unvaried
various (variado) – alike, combined, similar, resembling, uniform
vast (vasto) – finite, limited, tiny, small

ADJECTIVE ► ANTONYM

venerable (venerável) – common, unrespectable, unimpressive
venial (venial) – mortal, indefensible, unforgivable, inexcusable
veracious (verídico) – false, untrue
verbal (verbal) – nonverbal, written
veritable (verdadeiro) – fake, false
vertical (vertical) – horizontal, level, prone
vertiginous (instável) – steady, clearheaded
vexed (irritado) – calm, quiet, delighted
vibrant (vibrante) – apathetic, dull, idle
vicious (viciado) – benign, virtuous, gentle, light
victorious (vitorioso) – failing, losing, unsuccessful
vigilant (vigilante) – asleep, neglectful
vigorous (vigoroso) – dull, lethargic, delicate, uncertain
vincible (conquistável) – invincible, unbeatable, untouchable
violent (violent) – nonviolent, peaceful, gentle, soft
virile (viril) – effeminate, impotent

ADJECTIVE ► ANTONYM

visible (visível) – invisible, sightless, unknown
vital (vital) – inessential, meaningless, optional, trivial
vivacious (vivaz) – boring, dull, unattractive
vivid (vívido) – bland, boring, lifeless
vociferous (vociferante) – noiseless, silent, quiet
voiced (sonoro) – nonvocal, mute, inarticulate
voiceless (mudo) – chatty, expansive
void (vazio) – enough, adequate, full, filled, occupied
volatile (volatile) – certain, changeless
voluble (volúvel) – quiet, silent
voluntary (voluntário) – forced, involuntary, compulsory
voluptuous (voluptuoso) – austere, disgusting, harsh
voracious (voraz) – apathetic, indifferent, satiated
vulgar (vulgar) – refined, polite, decent, uncommon
vulnerable (vulnerável) – guarded, safe, protected, secure

W

ADJECTIVE ► ANTONYM

wasteful (devastador) – economical, frugal, careful, cautious
wasting (enfraquecedor) – mighty, powerful, sober
watchful (vigilante) – careless, inattentive, rash, asleep
waterless (seco) – damp, humid, moist, wet, fertile, productive
weak (fraco) – strong, powerful, firm
wealthy (rico) – poor, needy, impoverished
wearisome (cansativo) – absorbing, interesting
weary (fatigado) – absorbed, involving

ADJECTIVE ► ANTONYM

weird (estranho) – common, ordinary, usual
well (bom) – ill, sick, unfit
well-balanced (sensato) – disturbed, imprudent, unwise
well-behaved (bem-educado) – rude, impolite, unrefined
wellborn (bem-nascido) – ignoble, lowly, servile, unrefined
well-done (bem-passado) – raw
well-founded (bem fundado) – illegitimate, groundless
well-known (conhecido) – unknown, anonymous, obscure

ADJECTIVE ► ANTONYM
west (ocidental) – east
wet (molhado) – dry, arid, waterless
whole (completo) – diffuse, incomplete, limited
wicked (perverso) – decent, ethical, good, loving
wide (largo) – narrow, skinny, slim
windy (ventoso) – calm, quiet
winged (alado) - wingless
winning (vitorioso) – unsuccessful, failing, losing
wise (sábio) – unwise, foolish
wishy-washy (insípido) – firm, hard, strong
witty (espirituoso) – serious, unamusing

ADJECTIVE ► ANTONYM
wonderful (maravilhoso) – awful, bad, terrible, hateful, nasty
wordless (mudo) – bright, intelligent, sharp, smart
workable (viável) – impossible, useless
working (ativo) – idle, inactive
worried (preocupado) calm, relaxed
worse (pior) – better
worst (pior) - best
worthless (imprestável) – useful, valuable, worthy
worthy (valioso) – bad, deceptive
wrong (errado) – right, correct, acceptable

Y

ADJECTIVE ► ANTONYM
yellow (amarelo) – brave courageous, daring
yielding (submisso) – protesting, rigid, sterile

ADJECTIVE ► ANTONYM
young (jovem) – adult, grown-up, matured
youthful (juvenile) – adult, grown-up, mature

Z

ADJECTIVE ► ANTONYM
zany (tolo) – prudent, sagacious
zealous (zeloso) – unconcerned, lazy

ADJECTIVE ► ANTONYM
zesty (saboroso) – insipid, inactive
zippy (animado) – inactive, apathetic

ADVERBS

TOP ADVERBS

Advérbios são palavras que descrevem verbos, adjetivos ou mesmo outros advérbios. Informam quando, onde, como, por que ou em que extensão algo acontece. Os mais usados são apresentados a seguir, por tipo.

DEGREE / QUANTITY (grau / quantidade)

about (cerca de)
absolutely (completamente)
abundantly (abundantemente)
almost (quase)
awfully (terrivelmente)
badly (muito)
barely (dificilmente)
briefly (brevemente)
completely (completamente)
decidedly (decididamente)
deeply (profundamente)
densely (densamente)
easily (facilmente)
endlessly (interminavelmente)
enormously (enormemente)
enough (suficientemente)
entirely (inteiramente)
equally (igualmente)
extremely (extremamente)
fairly (razoavelmente)
far (distante)
firmly (firmemente)
fully (completamente)
greatly (grandemente)
hardly (dificilmente)
heavily (demasiadamente)
highly (altamente)
how (como)
immensely (imensamente)
incredibly (incrivelmente)
indeed (de fato)
indefinitely (indefinidamente)
integrally (integralmente)
intensely (intensamente)
just (apenas)
least (mínimo)
less (menos)
little (pouco)
mainly (principalmente)
more (mais)
most (muitíssimo)
mostly (normalmente)
much (muito)
nearly (quase)
perfectly (perfeitamente)
positively (positivamente)
precisely (precisamente)
pretty (bastante)
quickly (rapidamente)
quite (completamente)
rapidly (rapidamente)
rather (um tanto quanto)
really (realmente)
reasonably (razoavelmente)

repeatedly (repetidamente)
scarcely (mal)
severely (severamente)
simply (simplesmente)
so (tão)
somewhat (um tanto)
steadily (regularmente)
strongly (fortemente)
swiftly (rapidamente)
terribly (terrivelmente)
thoroughly (minuciosamente)
too (também)
totally (totalmente)
utterly (completamente)
very (muito)
well (bem)

FREQUENCY (frequência)

again (novamente)
always (sempre)
annually (anualmente)
constantly (constantemente)
continually (continuamente)
daily (diariamente)
fortnightly (quinzenalmente)
frequently (frequentemente)
generally (geralmente)
habitually (habitualmente)
hardly ever (quase nunca)
hourly (de hora em hora)
monthly (mensalmente)
never (nunca)
nightly (à noite)
normally (normalmente)
occasionally (ocasionalmente)
often (frequentemente)
once (uma vez)
periodically (periodicamente)
permanently (permanentemente)
quarterly (trimestralmente)
rarely (raramente)
regularly (regularmente)
scarcely (quase não)
seldom (raramente)
sometime (um dia desses)
sometimes (às vezes)
steadily (regularmente)
suddenly (subitamente)
twice (duas vezes)
usually (usualmente)
weekly (semanalmente)
yearly (anualmente)

PLACE (lugar)

about (por todo lado)
anywhere (qualquer lugar)
around (por perto)
above (acima)
abroad (no exterior)
anywhere (qualquer lugar)
away (para longe)
back (de volta)
backward (para trás)
behind (atrás)
below (abaixo)
down (para baixo)
downstairs (para o andar de baixo)
downward (para baixo)
east (ao leste)
eastward (ao leste)
elsewhere (em outro lugar)
far (longe)
forward (para a frente)
here (aqui)
home (para casa)
homeward (em direção a casa)
in (dentro)
indoors (dentro do edifício)
inside (dentro de)
locally (localmente)
near (perto)
nearby (perto)
nowhere (em lugar nenhum)
off (fora)
on (no lugar)
out (do lado de fora)
outside (para fora)
over (acima)
somewhere (em algum lugar)
there (lá)
under (embaixo)
up (para cima)
upstairs (para cima)
where (aonde)

PURPOSE / REASON (Propósito / razão)

accidentally (acidentalmente)
because (por causa de)
hence (por isso)
ideally (idealmente)
in case (no caso de)
in order to (a fim de)
intentionally (intencionalmente)
likely (provavelmente)
mostly (principalmente)
perhaps (talvez)
preferably (preferivelmente)
principally (principalmente)
probably (provavelmente)
purposely (propositadamente)
since (uma vez que)
so (desta maneira)
so that (de modo que)
therefore (por consequência)
thus (assim)

TIME (Tempo)

after (depois)
already (já, ainda)
always (sempre)
before (antes)
currently (atualmente)
earlier (antes)
early (cedo)
eventually (finalmente)
finally (finalmente)
first (primeiramente)
formerly (antigamente)
immediately (imediatamente)
just (agora mesmo)
last (por último)
late (tarde)
lately (ultimamente)
later (depois)
next (próximo)
now (agora)
presently (presentemente)
previously (previamente)
recently (recentemente)
since (desde)
soon (logo)
still (ainda)
then (então)
today (hoje)
tomorrow (amanhã)
tonight (hoje à noite)
when (quando)
while (enquanto)
yesterday (ontem)
yet (já, ainda)

MANNER (Modo)

Obs.: bem como a maioria das palavras terminadas em –ly

accidentally (acidentalmente)
aggressively (agressivamente)
agreeably (agradavelmente)
angrily (zangadamente)
anxiously (ansiosamente)
anyhow (de qualquer forma)
attentively (atenciosamente)
beautifully (lindamente)
bitterly (amargamente)
blindly (cegamente)
boldly (ousadamente)
bravely (bravamente)
briefly (brevemente)
brightly (brilhantemente)
brutally (brutalmente)
calmly (calmamente)
carefully (cuidadosamente)
carelessly (descuidadamente)
cautiously (cautelosamente)
clearly (claramente)
coldly (friamente)
comfortably (confortavelmente)
commercially (comercialmente)
consciously (conscientemente)
correctly (corretamente)
courageously (corajosamente)
cowardly (covardemente)
creatively (criativamente)
dangerously (perigosamente)
daringly (ousadamente)

deeply (profundamente)
delicately (delicadamente)
difficultly (dificilmente)
diplomatically (diplomaticamente)
directly (diretamente)
discreetly (discretamente)
eagerly (ansiosamente)
easily (facilmente)
ecologically (ecologicamente)
efficiently (eficientemente)
elegantly (elegantemente)
emotionally (emocionalmente)
endlessly (interminavelmente)
entirely (inteiramente)
especially (especialmente)
exactly (exatamente)
exclusively (exclusivamente)
extremely (extremamente)
fairly (razoavelmente)
faithfully (fielmente)
falsely (falsamente)
fast (rapidamente)
fatally (fatalmente)
favorably (favoravelmente)
finally (finalmente)
firmly (firmemente)
fluently (fluentemente)
formally (formalmente)
fortunately (felizmente)
free (gratuitamente)
freely (livremente)
furiously (furiosamente)
generously (generosamente)
gently (gentilmente)
gladly (alegremente)
globally (globalmente)
gracefully (graciosamente)
happily (felizmente)
hard (duramente)
hastily (apressadamente)
heavily (pesadamente)
highly (extremamente)
honestly (honestamente)
humbly (humildemente)
idly (indolentemente)
impatiently (impacientemente)
inadequately (inadequadamente)
incorrectly (incorretamente)
increasingly (crescentemente)
incredibly (incrivelmente)
indirectly (indiretamente)
informally (informalmente)
innocently (inocentemente)
intentionally (intencionalmente)
involuntarily (involuntariamente)
judicially (judicialmente)
judiciously (sabiamente)
justly (legitimamente)
keenly (entusiasticamente)
kindly (bondosamente)
lazily (preguiçosamente)
legally (legalmente)
lightly (levemente)
literally (literalmente)
logically (logicamente)
luckily (por sorte)
madly (loucamente)
marvelously (maravilhosamente)
mechanically (mecanicamente)
merely (somente)
merrily (alegremente)
mildly (brandamente)
miserably (miseravelmente)
mysteriously (misteriosamente)
nationally (nacionalmente)
naturally (naturalmente)
neatly (organizadamente)
necessarily (necessariamente)
negatively (negativamente)
nervously (nervosamente)
nicely (habilmente)
noisily (ruidosamente)
normally (normalmente)
notably (notavelmente)
numerically (numericamente)
obediently (obedientemente)
obviously (obviamente)
offensively (ofensivamente)
officially (oficialmente)
openly (abertamente)
orally (oralmente)
originally (originalmente)
painfully (dolorosamente)
partially (parcialmente)
patiently (pacientemente)
perfectly (perfeitamente)
politely (educadamente)
poorly (pobremente)
positively (positivamente)
powerfully (poderosamente)
properly (adequadamente)
prudently (prudentemente)
publicly (publicamente)
punctually (pontualmente)
quickly (rapidamente)
quietly (quietamente)
randomly (aleatoriamente)
rapidly (rapidamente)
readily (prontamente)
reluctantly (relutantemente)
repeatedly (repetidamente)
respectfully (respeitosamente)
respectively (respectivamente)
rigidly (rigidamente)
romantically (romanticamente)
rudely (rudemente)
sadly (tristemente)
safely (seguramente)
seriously (seriamente)
sharply (bruscamente)
shyly (timidamente)
silently (silenciosamente)
sincerely (sinceramente)
slightly (levemente)
slowly (lentamente)
softly (suavemente)
straight (diretamente)

strictly (estritamente)
strongly (fortemente)
sweetly (docemente)
technically (tecnicamente)
terribly (terrivelmente)
thoroughly (inteiramente)
tragically (tragicamente)
truly (verdadeiramente)
unbearably (insuportavelmente)
unconditionally (incondicionalmente)
unexpectedly (inesperadamente)
unfortunately (infelizmente)
urgently (urgentemente)
verbally (verbalmente)
violently (violentamente)
virtually (virtualmente)
visibly (visivelmente)
warmly (calorosamente)
well (bem)
widely (amplamente)
wildly (selvagemente)
wisely (sabiamente)
wonderfully (maravilhosamente)
youthfully (juvenilmente)
zealously (zelosamente)

INTERJECTIONS

TOP INTERJECTIONS

Interjeições são expressões curtas usadas para demonstrar emoções, sentimento, concordância, nojo, desacordo etc. As mais frequentes são apresentadas a seguir, por tipo.

ANGER (raiva): "Damn, I'll do it again!"

damn!	hang it!	rats!
grr!	hell!	what!
ha!	hunch!	zounds!

ANNOYANCE (contrariedade): "Duh, you didn't turn it on!"

damn!	mercy!	rot!
draft!	oof!	tut!
duh!	ouch!	zut!

APPROVAL (aprovação): "Hurrah, you won!"

Hear! Hear!	hurrah!	O.K!
hubba-hubba!	keno!	so!

CONTEMPT (desprezo): "Boo, get off the stage!"

bah!
booh!
humph!
paff!
pho!
poof!
pshaw!
puff!
poff!
rot!
shoo!
tchah!
tchuh!
yech!
zut!

DELIGHT, ENTHUSIASM (prazer, entusiasmo): "Ah, that feels good!"

ah!
hubba-hubba!
wahoo!
zowie!
ach!
cool!
goody!
great!
whacko!
whizzo!
yippee!

DISGUST (repulsa): "Ewww! You stepped on dog poop!"

aargh!
bah!
ewww!
fuck!
ick!
pah!
phew!
pish!
pugh!
rot!
shit!
shoot!
ugh!
yech!
yuck!

FAREWELL (despedida): "Adios, come back soon!"

adios!
aloha!
bye, bye!

FEAR (medo): "Eeeek, a cockroach!"

eeeek!
oh!
oh, no!

IMPATIENCE (impaciência): "Tsk! Tsk! You left the car unlocked!"

chut!
gah!
oh, my!
pish!
pooh!
pshaw!
psht!
pshut!
tchah!
tchuh!
tsk! tsk!
tut!
tut-tut!
why!
zut!

INDIGNATION (indignação):
"Hell! I'll have to come back tomorrow!"

cor!
corks!
doggone!
hell!
hoot!
lord!
lor!
lors!
lordy!
lord me!
merde!
sapperment!
shit!
upon my word!

JOY (alegria): "Ha, ha! Let's go to the beach!"

ah!
ahs!
ahing!
ahed!
ha! ha!
heyday!
hurrah!
ole!
whee!
whoop!
whoopee!
yippee!

PAIN (dor): "Ouch! You hit my foot!"

ah!
oh!
ouch!
ow!
wow!
yipe!
yow!

PITY, SORROW (pena, pesar): "Ah! I can't stand it!"

alas!
ay!
dear me!
eh!
ewhow!
heh!
lackaday!
las!
och!
welladay!
wellaway!
welliday!
wirra!

PLEASURE (prazer): "Wow, what a beautiful house!"

aha!
boy!
crazy!
doogone!
good!
heigh!
ho!
wow!
yum!
yum-yum!

RELIEF (alívio): "Whew! It's finally over!"

whew!
whoof!

SURPRISE (surpresa): "What! I can't believe it!"

ah!
alack!
boy!
coo!
dear!
dear me!
the devil!
doggone!
gee!
golly!
good!
goodness!
gracious!
gosh!
ha!
heck!
heigh!
heigh-ho!
hey!
heyday!
ho!
hoo-ha!
huh!
indeed!
lord!
man!
mercy!
my!
oh!
oh, no!
phew!
say!
shit!
so!
upon my soul!
well!
what!
whoof!
whoosh!

why!
upon my word!
wow!
yow!
zounds!

TRIUMPH (triunfo): "Aha! We got it!"

aha!
ha!
hurrah!
ole!
so!

WONDER (admiração): "Gee, it's snowy!"

aah!
blimey!
crazy!
gee!
goodness!
gosh!
ha!
heyday!
oh!
ooh!
what!
wow

NOUNS

TOP NOUNS

Substantivos são palavras usadas para denominar seres, pessoas, coisas, lugares, ideias e sentimentos. Os mais usados são apresentados a seguir, em ordem alfabética.

Obs.: nomes de cores, comidas e frutas, números, partes da casa, partes do corpo, esportes, lugares públicos, membros da família, roupas e algumas profissões são considerados básicos e não fazem parte da lista abaixo.

A

ability (habilidade)
access (acesso)
accident (acidente)
account (conta)
action (ação)
activity (atividade)
actor (ator)
ad (anúncio)
addition (adição)
administration (administração)
advertising (publicidade)
advice (conselho)
affair (caso)
agency (agência)
agreement (acordo)
air (ar)
alcohol (álcool)
ambition (ambição)
amount (quantia)
analysis (análise)
analyst (analista)
anger (ira)
answer (resposta)
anxiety (ansiedade)
apartment (apartamento)
appeal (recurso)
appearance (aparência)
apple (maçã)
application (aplicação; formulário)
appointment (compromisso)
area (área)
argument (argumento)
army (exército)
arrival (chegada)
art (arte)
article (artigo)
aspect (aspecto)
assignment (atribuição)
assistance (assistência)
assistant (assistente)
association (associação)

assumption (suposição)
atmosphere (atmosfera)
attack (ataque)
attention (atenção)
attitude (atitude)
audience (audiência)
average (media)
award (prêmio)
awareness (noção)

B

background (base)
balance (equilíbrio)
birthday (nascimento)
blank (lacuna)
blood (sangue)
bonus (bônus)
bread (pão)
breath (respiração)
brush (escova)
budget (orçamento)
business (negócio)
buyer (comprador)

C

cabinet (gabinete)
camera (câmera)
career (carreira)
category (categoria)
celebration (celebração)
cell (celular; célula)
challenge (desafio)
championship (campeonato)
chapter (capítulo)
charity (caridade)
cheek (bochecha)
chemistry (química)
chest (peito)
child (criança)
childhood (infância)
choice (escolha)
city (cidade)
classroom (sala de aula)
client (cliente)
climate (clima)
clothes (roupas)
coffee (café)
collection (coleção)
college (faculdade)
combination (combinação)
command (direção)
comment (observação)
committee (comitê)
communication (comunicação)
community (comunidade)
comparison (comparação)
competition (competição)
complaint (queixa)
computer (computador)
concept (conceito)
concern (interesse)
conclusion (conclusão)
confidence (confiança)
confusion (confusão)
connection (conexão)
consequence (consequência)
construction (construção)
context (contexto)
contract (contrato)
contribution (contribuição)
control (controle)
conversation (conversação)
cost (custo)
country (país)
county (município)
courage (coragem)
criticism (crítica)
currency (dinheiro)
customer (cliente)

D

damage (dano)
data (dados)
database (base de dados)
deal (acordo)
dealer (comerciante)
death (morte)
debate (debate)
debt (débito)
decision (decisão)
delay (atraso)
delivery (entrega)
department (departamento)
departure (partida)
depression (depressão)
depth (profundidade)
description (descrição)
design (projeto)
desk (balcão)
detail (detalhe)
development (desenvolvimento)
device (dispositivo)
difference (diferença)
difficulty (dificuldade)
dinner (jantar)
direction (direção)
director (diretor)
dirt (sujeira)
disaster (desastre)
discussion (discussão)
disease (doença)
disk (disco)
distribution (distribuição)
drawing (desenho)
duty (obrigação)

E

economics (economia)
edge (beira)
editor (editor)
education (educação)
effect (efeito)
efficiency (eficiência)
effort (esforço)
election (eleição)
elevator (elevador)
emotion (emoção)
emphasis (ênfase)
employee (empregado)
employer (empregador)
employment (emprego)
energy (energia)
engine (máquina)
engineering (engenharia)
entertainment (entretenimento)
enthusiasm (entusiasmo)
entry (entrada)
environment (meio ambiente)
equipment (equipamento)
error (erro)
establishment (estabelecimento)
estate (propriedade)
event (evento)
exam (exame)
examination (exame)
example (exemplo)
exchange (troca)
excitement (agitação)
expert (perito)
explanation (explanação)
expression (expressão)
extent (extensão)

F

fact (fato)
failure (fracasso)
fall (queda)
family (família)
farmer (fazendeiro)
fault (culpa)
fear (pavor)
feature (característica)
fee (taxa)
feedback (retorno)
feeling (sentimento)
fight (luta)
file (arquivo)
film (filme)
finding (achado)

fishing (pescaria)
flight (voo)
flow (fluxo)
food (comida)
fortune (fortuna)
foundation (fundação)
freedom (liberdade)
friendship (amizade)

G

garbage (lixo)
gate (portão)
gene (gene)
gift (presente)
glass (vidro)
glove (luva)
goal (objetivo)
government (governo)
grandmother (avó)
grocery (mercado)
growth (crescimento)
guest (convidado)
guidance (orientação)

H

harm (dano)
hate (ódio)
health (saúde)
hearing (audição; audiência)
heart (coração)
heat (calor)
height (altura)
highway (rodovia)
historian (historiador)
history (história)
honey (mel)
host (hóspede)
housing (moradia)

I

idea (ideia)
imagination (imaginação)
importance (importância)
impression (impressão)
improvement (melhoria)
income (renda)
independence (independência)
indication (indicação)
industry (indústria)
inflation (inflação)
information (informação)
initiative (iniciativa)
injury (lesão)
impact (impacto)
income (renda)
increase (aumento)
insect (inseto)
inspection (inspeção)
inspector (inspector)
instance (ocasião)
instruction (instrução)
insurance (seguro)
intention (intenção)
interaction (interação)
internet (internet)
introduction (apresentação)
investment (investimento)

J K L

joint (junta)
judge (juíz)
judgement (julgamento)
king (rei)
knowledge (conhecimento)
lab (laboratório)
ladder (escada)
lake (lago)
landscape (paisagem)
language (língua)
law (lei)
lawyer (advogado)
layer (camada)
leader (líder)
leadership (liderança)
length (comprimento)
library (biblioteca)
life (vida)
limit (limite)
literature (literatura)
living (meio de vida)
load (carga)
loan (empréstimo)
location (localização)
loss (perda)
love (amor)

M

maintenance (manutenção)
mall (shopping center)
management (administração)
manager (gerente)
manufacturer (fabricante)
map (mapa)
marketing (marketing)
marriage (casamento)
match (jogo)
meal (refeição)
meaning (significado)
measurement (medição)
meat (carne)
media (mídia)
medicine (medicina)
member (membro)
membership (membro; associação)
memory (memória)
message (recado)
method (método)
midnight (meia-noite)
mixture (mistura)
mode (modo)
moment (momento)
money (dinheiro)
month (mês)
mortgage (hipoteca)
movie (filme, cinema)
mud (lama; política, sujeira)
music (música)

N O

nation (nação)
nature (natureza)
negotiation (negociação)
news (notícia/s)
newspaper (jornal)
night (noite)
obligation (obrigação)
office (escritório)
operation (operação)
opinion (opinião)
opportunity (oportunidade)
organization (organização)
outcome (resultado)
oven (fogão)
owner (proprietário)

P

painting (pintura)
paper (papel)
passenger (passageiro)
passion (paixão)
patience (paciência)
pattern (padrão)
payment (pagamento)
penalty (penalidade)
people (pessoas)
percentage (porcentagem)
perception (percepção)
performance (atuação)
permission (permissão)
person (pessoa)
personality (personalidade)
perspective (perspectiva)
philosophy (filosofia)
phone (fone)
physics (física)
pie (torta)
platform (plataforma)
player (jogador)
poem (poesia)
poet (poeta)
poetry (poesia)
police (polícia)
policy (plano de ação, política)
politics (política)
pollution (poluição)
population (população)
possession (posse)
possibility (possibilidade)
power (poder)
preference (preferência)
preparation (preparação)
presence (presença)
presentation (apresentação)
president (presidente)
pressure (pressão)
priority (prioridade)
problem (problema)
procedure (procedimento)
product (produto)
profession (profissão)
professor (professor)
profit (lucro)
progress (progresso)
promotion (promoção)
property (propriedade)
proposal (proposta)
protection (proteção)
purchase (compra)
psychology (psicologia)

Q R

quality (qualidade)
quantity (quantidade)
queen (rainha)
ratio (proporção)
reaction (reação)
reading (leitura)
reality (realidade)
reception (recepção)
recipe (receita)
recognition (reconhecimento)
recommendation (recomendação)
recording (gravação)
reflection (reflexão; reflexo)
region (região)
regret (remorso)
relation (relação)
relationship (relacionamento)
release (liberação)
relief (alívio)
repair (conserto)
replacement (reposição)
republic (república)
reputation (reputação)
requirement (requisito)
resolution (resolução)
resource (recurso)
respect (respeito)
response (reação)
responsibility (responsabilidade)
revolution (revolução)
reward (recompensa)
river (rio)
road (estrada)
role (função)

S

safety (segurança)
salad (salada)
sample (amostra)
satisfaction (satisfação)
scene (cena)
science (ciências)
search (busca)
seat (assento)
secretary (secretária)
sector (setor)
security (segurança)
selection (seleção)
selling (venda)
series (série)
session (sessão)
setting (ambientação)
shift (movimentação)
shopping (compra)
signature (assinatura)
significance (significado)
situation (situação)
skill (habilidade)
society (sociedade)
software (programa de computador)
solution (solução)
song (canção)
soup (sopa)
speaker (falante)
speech (fala)
statement (declaração)
steak (bife)
storage (depósito; memória)
story (história)
stranger (estrangeiro)
strategy (estratégia)
student (estudante)
studio (estúdio)
study (estudo)
success (sucesso)
suggestion (sugestão)
surgery (cirurgia)
survey (pesquisa)
suspect (suspeito)
sympathy (compaixão)
system (sistema)

T

tale (conto)
tax (taxa)
tea (chá)
teaching (pedagogia; ensino)
technology (tecnologia)
television (televisão)
temperature (temperatura)
tension (tensão)
thanks (agradecimento)
theory (teoria)
thing (coisa)
thought (pensamento)
throat (garganta)
time (tempo, hora)
tongue (língua)
tooth (dente)
topic (tópico)
town (cidade)
tradition (tradição)
trainer (instrutor)
transportation (transporte)
truth (verdade)

U V

understanding (compreensão)
union (união)
unit (unidade)
university (universidade)
user (usuário)
variation (variação)
variety (variedade)
vehicle (veículo)
version (versão)
village (lugarejo)
virus (vírus)
volume (volume)

W Y

warning (aviso)
water (água)
way (modo, caminho)
weakness (fraqueza)
wealth (riqueza)
weather (clima; tempo)
web (rede)
wedding (casamento)
week (semana)
wife (esposa)
winner (vencedor)
witness (testemunha)
wood (madeira)
work (trabalho)
worker (trabalhador)
world (mundo)
writer (escritor)
writing (escrita)
year (ano)
youth (juventude)

TOP ABSTRACT NOUNS

Substantivos abstratos referem-se a coisas que não tem existência física: qualidades, estados, sentimentos, conceitos etc. Os principais são apresentados a seguir, em ordem alfabética:

A

ability (habilidade)
acceptance (aceitação)
accomplishment (realização)
achievement (realização)
activity (atividade)
adoration (adoração)
adventure (aventura)
affection (afeição)
agility (agilidade)
agreement (acordo)
altruism (altruísmo)
amazement (espanto)
ambiguity (ambiguidade)
ambition (ambição)
anger (raiva)
anguish (angústia)
annoyance (aborrecimento)
answer (resposta)
anxiety (ansiedade)
apathy (apatia)
apprehension (apreensão)
ardor (ardor)
attachment (anexação)
avarice (avareza)
aversion (aversão)
awe (admiração)

B

beauty (beleza)
beggary (miséria)
behavior (conduta)
belief (crença)
benevolence (benevolência)
bliss (satisfação)
boldness (audácia)
boredom (tédio)
bravery (bravura)
brilliance (brilho)
brutality (brutalidade)
burden (fardo)

C

calm (calma)
care (cuidado)
carelessness (descuido)
caution (cautela)
chaos (caos)
character (caráter)
charity (caridade)
cheerfulness (alegria)
childhood (infância)
clarity (claridade)
cleverness (inteligência)
coldness (frieza)
comfort (conforto)
communication (comunicação)
compassion (compaixão)
confidence (confiança)
contempt (desacato)
contentment (satisfação)
courage (coragem)
courtesy (cortesia)
creativity (criatividade)

crime (crime)
criminality (criminalidade)
culture (cultura)
curiosity (curiosidade)
customer (cliente)

D

damage (dano)
danger (perigo)
dare (desafio)
day (dia)
death (morte)
deceit (engano)
decision (decisão)
dedication (dedicação)
defeat (derrota)
delay (atraso)
delight (deleite)
democracy (democracia)
demon (demônio)
dependence (dependência)
depression (depressão)
desire (desejo)
despair (desespero)
desperation (desespero)
determination (determinação)
detestation (ódio)
devotion (devoção)
dexterity (destreza)
dictatorship (ditadura)
dignity (dignidade)
disappointment (desapontamento)
disbelief (descrença)
disgust (repugnância)
dislike (aversão)
disquiet (inquietação)
disregard (descaso)
disturbance (distúrbio)
dogma (dogma)
drama (drama)
dread (pavor)
dream (sonho)
drudgery (labuta)
dryness (secura)
duplicity (duplicidade)
duty (dever)
dynasty (dinastia)

E

eagerness (avidez)
ease (facilidade)
eccentricity (excentricidade)
ecstasy (êxtase)
education (educação)
effort (esforço)
ego (ego)
elation (exaltação)
elegance (elegância)
eloquence (eloquência)
emotion (emoção)
empathy (empatia)
empire (império)
encouragement (encorajamento)
energy (energia)
enhancement (realce)
enjoyment (prazer)
enlightenment (esclarecimento)
enmity (hostilidade)
enthusiasm (entusiasmo)
envy (inveja)
error (erro)
eternity (eternidade)
euphoria (euforia)
eventuality (eventualidade)
evil (mal)
evolution (evolução)
excellence (excelência)
excitement (excitação)
exhilaration (animação)
extremism (extremismo)
exuberance (exuberância)

F

failure (fracasso)
faith (fé)
faithfulness (fidelidade)
faithlessness (infidelidade)
fake (fraude)
fame (fama)
fantasy (fantasia)
fascination (fascínio)
fashion (moda)
fate (destino)
favor (favor)
favoritism (favoritismo)
fear (medo)
feat (façanha)
feeling (sentimento)
felicity (felicidade)
final (final)
finality (finalidade)
foible (ponto fraco)
fondness (afeição)
foolishness (insensatez)
force (força)
forgiveness (perdão)
formality (formalidade)
fortitude (firmeza)
fortune (fortuna)
fragility (fragilidade)
frailty (fraqueza)
freedom (liberdade)
friendship (amizade)
fright (pavor)
frivolity (frivolidade)
frugality (frugalidade)
frustration (frustração)
fun (diversão)
fury (fúria)
future (futuro)

G

gallantry (galanteria)
genealogy (genealogia)
generosity (generosidade)
genius (gênio)
gentility (nobreza)
gentleness (suavidade)
gladness (alegria)
glee (alegria)
gluttony (gula)
goal (meta)
godliness (santidade)
good (bem)
goodness (bondade)
goodwill (benevolência)
gossip (boato)
grace (grace)
graciousness (gentileza)
gratitude (gratidão)
greatness (grandeza)
greed (cobiça)
grief (desgosto)
grievance (agravo)
growth (crescimento)
guile (engano)
guilt (culpa)
gullibility (credulidade)

H

habit (hábito)
happiness (felicidade)
harm (dano)
hate (ódio)
hatred (ódio)
hearsay (rumor)
heaven (céu)
help (ajuda)
helpfulness (utilidade)
helplessness (desamparo)
hero (herói)
heroism (heroísmo)
hint (sugestão)
hobby (hobby)
home (lar)
honesty (honestidade)
honor (honra)
hope (esperança)
horror (horror)
hospitality (hospitalidade)
humanity (humanidade)

humility (humildade)
humor (humor)
hurt (machucado)
hype (propaganda)

I

icon (ícone)
idea (ideia)
ideal (ideal)
identity (identidade)
idiosyncrasy (idiossincrasia)
idleness (ociosidade)
idolatry (idolatria)
ignorance (ignorância)
imagery (imaginação)
imagination (imaginação)
imitation (imitação)
immaturity (imaturidade)
importance (importância)
impression (impressão)
impropriety (impropriedade)
improvement (melhora)
imprudence (imprudência)
impulse (impulso)
impulsiveness (impulsividade)
inclination (inclinação)
independence (independência)
indignity (indignidade)
infancy (infância)
infatuation (paixão)
infinity (infinidade)
inflation (inflação)
information (informação)
ingenuity (engenhosidade)
ingenuousness (ingenuidade)
ingratitude (ingratidão)
initiation (iniciação)
injustice (injustiça)
inquest (inquérito)
insanity (insanidade)
insincerity (falsidade)
insolence (insolência)
insult (insulto)
integrity (integridade)
intelligence (inteligência)
intimacy (intimidade)
ire (cólera)
irritation (irritação)

J

jealousy (ciúme)
jeopardy (risco)
jinx (azarado)
job (emprego)
joke (piada)
journalism (jornalismo)
joy (alegria)
jubilation (júbilo)
justice (justiça)
justification (justificação)

K

karma (carma)
keenness (intensidade)
keepsake (recordação)
ken (conhecimento)
killer (assassino)
kin (parente)
kindness (bondade)
knowledge (sabedoria)

L

laughter (riso)
law (lei)
laziness (preguiça)
legacy (legado)
legality (legalidade)
legend (lenda)
leisure (lazer)
length (comprimento)
lesson (lição)
lethargy (letargia)
leverage (poder)
liability (responsabilidade)
liberty (liberdade)
life (vida)
likeliness (probabilidade)
limitation (limitação)
loan (empréstimo)
loathing (aversão)
loneliness (solidão)
loot (espólio)
loss (perda)
love (amor)
loyalty (lealdade)
luck (sorte)
lunch (almoço)
lust (luxúria)
luxury (luxo)

M

magnetism (magnetismo)
majesty (majestade)
manner (modo)
marriage (casamento)
master (mestre)
matrimony (casamento)
matter (matéria)
maturity (maturidade)
meaning (sentido)
meanness (maldade)
meeting (encontro)
melancholy (melancolia)
memory (memória)
mercilessness (imisericódia)
mercy (misericórdia)
mess (bagunça)
method (método)
miser (sovina)
misery (miséria)
mission (missão)
mode (modo)
modesty (modéstia)
moment (momento)
monarchy (monarquia)
monotony (monotonia)
mood (humor)
moral (moral)
morale (estado de espírito)
morality (moralidade)
mortal (mortal)
mortality (mortalidade)
motivation (motivação)
motive (motivo)
movement (movimento)
muddle (confusão)
music (música)
mystery (mistério)

N

naivety (ingenuidade)
nation (nação)
nationalism (nacionalismo)
nationality (nacionalidade)
necessity (necessidade)
need (necessidade)
negativity (negatividade)
nervousness (nervosismo)
newness (novidade)
nonchalance (indiferença)
normalcy (normalidade)
nostalgia (nostalgia)
notion (noção)
novelty (novidade)
nuptial (núpcias)

O

oath (juramento)
objectivity (objetividade)
obligation (obrigação)
oblivion (esquecimento)
obsolescence (obsolescência)
occasion (ocasião)
omen (augúrio)
omission (omissão)
openness (abertura)
opinion (opinião)
opportunism (oportunismo)
opportunity (oportunidade)
optimism (otimismo)
option (opção)
origin (origem)
original (original)
outrage (ultraje)

P

pacifism (pacifismo)
pain (dor)
panacea (panaceia)
paradise (paraíso)
parody (paródia)
partiality (parcialidade)
passion (paixão)
pathos (compaixão)
patience (paciência)
patriotism (patriotismo)
peace (paz)
peculiarity (peculiaridade)
penalty (penalidade)
perseverance (perseverança)
persuasion (persuasão)
pessimism (pessimismo)
piety (piedade)
pity (dó)
pleasure (prazer)
popularity (popularidade)
poverty (pobreza)
power (poder)
predilection (predileção)
prejudice (preconceito)
prettiness (lindeza)
pride (orgulho)
principle (princípio)
priority (prioridade)
privilege (privilégio)
progress (progresso)
promise (promessa)
promotion (promoção)
proof (prova)
propaganda (propaganda)
propensity (propensão)
propriety (propriedade)
prosperity (prosperidade)
protest (protesto)
prudence (prudência)
punctuality (pontualidade)
punishment (punição)
purity (pureza)
purpose (propósito)

Q

quaintness (singularidade)
quality (qualidade)
qualm (receio)
question (questão)
quickness (rapidez)
quirk (trejeito)
quitter (quem se dá por vencido)
quiz (teste)

R

rage (fúria)
rapture (êxtase)
rationale (fundamento lógico)
reality (realidade)
reason (razão)
recklessness (imprudência)
reckoning (cálculo)
redemption (redenção)
refinement (requinte)
refreshment (refresco)
regard (consideração)
reject (refugo)
rejection (rejeição)
relaxation (descanso)
relentlessness (implacabilidade)
relief (alívio)
religion (religião)
remorse (remorso)
remorsefulness (arrependimento)
remorselessness (sem remorso)
reputation (reputação)
research (investigação)
resilience (elasticidade)
resolution (resolução)
resource (recurso)
respect (respeito)
restoration (restauração)
revulsion (reviravolta)
riches (bens)
right (direito)
robbery (roubo)
romance (romance)
royalty (realeza)
rudiment (rudimento)
rumor (rumor)
ruthlessness (crueldade)

S

sacrifice (sacrifício)
sadness (tristeza)
safety (segurança)
sale (venda)
sanity (sanidade)
satisfaction (satisfação)
savagery (selvageria)
savvy (compreensão)
scarcity (escassez)
scare (susto)
science (ciência)
secret (segredo)
self-control (autocontrole)
sensationalism (sensacionalismo)
sense (sentido)
sensibility (sensibilidade)
sensitivity (sensibilidade)
sentiment (sentimento)
service (serviço)
shock (choque)
shrewdness (esperteza)
silliness (tolice)
sin (pecado)
sincerity (sinceridade)
skepticism (ceticismo)
skill (habilidade)
slavery (escravidão)
sleep (sono)
sloth (preguiça)
solicitude (solicitude)
sophistication (sofisticação)
sorrow (tristeza)
sparkle (centelha)
speculation (especulação)
speech (fala)
speed (velocidade)
spirituality (espiritualidade)
sport (esporte)
spunk (coragem)
starvation (fome)
stealth (dissimulação)
strength (força)
strictness (severidade)
stubbornness (teimosia)
stupidity (estupidez)
submission (submissão)
success (sucesso)
superiority (superioridade)
surprise (surpresa)
sympathy (compaixão)
synergy (sinergia)
sweetness (doçura)

T

tale (fábula)
talent (talento)
temper (temperamento)
temptation (tentação)
tendency (tendência)
theory (teoria)
thirst (sede)
thoroughness (inteireza)
thought (pensamento)
thoughtfulness (consideração)
thoughtlessness (desconsideração)
thrill (emoção)
tidiness (ordem)
time (tempo)
timidity (timidez)
tiredness (cansaço)
today (hoje)
tolerance (tolerância)
tomorrow (amanhã)
torment (tormento)
torture (tortura)
tragedy (tragédia)
trouble (dificuldade)
trust (confiança)
truth (verdade)
tumult (tumulto)

U

ugliness (feiura)
uncertainty (incerteza)
uneasiness (inquietude)
unemployment (desemprego)
unification (unificação)
union (união)
uniqueness (singularidade)
unity (unidade)
unreality (irrealidade)
unrest (inquietação)
urgency (urgência)
use (uso)
utility (utilidade)

V

vacation (féria/s)
vacillation (vacilação)
validity (validez)
valor (coragem)
value (valor)
vehemence (veemência)
velocity (velocidade)
venality (venalidade)
vengeance (vingança)
venture (risco)
venue (local)
vexation (vexação)
victory (vitória)
vow (voto)

W

wage (salário)
wager (aposta)
wakefulness (insônia)
war (guerra)
wariness (cautela)
warmth (calor)
weakness (fraqueza)
wealth (riqueza)
weariness (fadiga)
well-being (bem-estar)
wellness (bem-estar)
width (largura)

will (vontade)
willingness (disposição)
will-power (força de vontade)
wisdom (sabedoria)
wistfulness (melancolia)
wit (sagacidade)
woe (pesar)
wonder (maravilha)
work (trabalho)
worry (preocupação)
worship (adoração)
worth (valor)
wrath (ira)

X

xenophobia (xenofobia)
year (ano)
yearning (anseio)
yesterday (ontem)
zeal (zelo)
zealousness (zelo)
zest (sabor)
zip (nada)
zoology (zoologia)
zymurgy (zimurgia)

TOP COLLECTIVE NOUNS

Substantivos Coletivos nomeiam grupos de indivíduos. Os mais usados são coletivos genéricos, apresentados a seguir, em ordem alfabética. Se desejar uma lista mais ampla, consulte **List of Specific Collective Nouns** (p. 83).

Obs.: A versão da maior parte dos coletivos do inglês para o português se dá por meio de coletivos genéricos.

GENERAL COLLECTIVE NOUNS
(substantivos coletivos genéricos)

army (exército, tropa)
audience (público, plateia)
band (banda, bando)
bevy (bando)
board (banca, junta)
brood (ninhada)
bunch (grupo, feixe, molho, penca)
bundle (pacote, feixe, trouxa, penca)
cabinet (gabinete, ministério)
cast (elenco)
choir (coro, coral)
chorus (coro, coral, refrão)
class (turma)
cloud (nuvem)
clump (grupo, touceira)
cluster (agrupamento)
clutch (lote, ninhada)
colony (colônia)
committee (comissão, comitê)
company (firma, turma)
congregation (assembleia, congregação)
corporation (corporação, grêmio)
crew (tripulação, grupo, turma)
crowd (multidão, grupo, pilha)
department (departamento, seção)
drove (grupo, bando, rebanho)
faculty (corpo docente, faculdade)
family (família)
firm (firma)
flight (bando, esquadrilha)
flock (multidão, bando, manada)
gaggle (amontoado)
gang (grupo, bando, gangue)
group (grupo)
herd (rebanho, multidão)
hive (colmeia)
jury (júri)
litter (ninhada)
navy (marinha, armada)
nest (ninho)
orchestra (orquestra)
pack (pacote, trouxa, matilha)
pair (par, parelha)
party (grupo)
pile (pilha)
plague (praga)
pod (vagem, receptáculo)
police (polícia)
pride (grupo de leões)
public (público)
school (cardume)
series (coleção, série)
set (conjunto, aparelho, jogo)
shoal (cardume, bando)
skein (bando de aves selvagens)
society (sociedade, comunidade)
stack (pilha)
staff (equipe)
swarm (enxame)
team (time, equipe)
tribe (tribo)
troop (tropa, bando, multidão)
troupe (companhia teatral)
wad (maço, chumaço)
yoke (junta)

LIST OF SPECIFIC COLLECTIVE NOUNS

Obs.: A maioria dos coletivos específicos em inglês é traduzida para o português por coletivos genéricos: bando, grupo, coleção, monte etc.

SUBJECT ► COLLECTIVE TERM
aardvark (porco-da-terra) – An armoury of aardvarks.
academic (prof. universitário) – A faculty of academics.
acrobat (acrobata) – A troupe of acrobats.
actor (ator) – A cast, company, cry, queue of actors.
actress (atriz) – An entrance of actresses.
aircraft (aeronave) – A flight, wing of aircraft.
albatross (albatroz) – A rookery, weight of albatrosses.
alligator (jacaré) – A congregation of alligators.
ammunition (munição) – A cache of ammunition.
angel (anjo) – A choir, chorus, flight, host, pinhead of angels.
antelope (antílope) – A herd, cluster, tribe of antelope.
ant (formiga) – An army, bike, colony, swarm of ants.
ape (macaco) – A shrewdness, troop of apes.
apple (maçã) – A bushel of apples.
arrow (flecha) – A quiver of arrows.
artist (artista) – A troupe of artists.
ass (burro) – A coffle, drove, herd, pace of asses.
asteroid (asteroide) – A belt of asteroids.
athlete (atleta) – A team of athletes.
baboon (babuíno) – A congress, flange, rumpus, troupe of baboons.
bacteria (bactéria) – A culture of bacteria.
badger (texugo) – A cete, clan, colony of badgers.
banana (banana) – A hand, bunch of bananas.
barracuda (barracuda) – A battery of barracuda.
bat (morcego) – A colony, cloud, cauldron of bats.
bean (feijão) – A hill of beans.
bear (urso) – A maul, pack, sloth, sleuth of bears.
beauty (beldade) – A bevy, harmony of beauties.
beaver (castor) – A colony, family, lodge of beavers.
bee (abelha) – A cluster, drift, game, hive, hum, stand, swarm of bees.
bell (sino) – A peal, change, carillon of bells.
bill (nota) – A wad of bills.
bird (pássaro) – A congregation, drift, flight, flock, fleet, parcel, pod, roost, rush (migrating) of birds.
bison (bisão) – A herd, gang of bison.

SUBJECT ► COLLECTIVE TERM
boar (javali) – A herd, singular, sounder of boars.
book (livro) – A library, pile, compendium of books.
boy (menino) – A blush, leer, passel, rascal of boys.
bread (pão) – A batch of bread.
buffalo (búfalo) – A gang, herd, (an) obsinancy of buffalos.
burrito (burrito) – A pace of burritos.
butterfly (borboleta) – A flight, flutter, kaleidoscope, rabble, swarm, wing of butterflies.
cadet (cadete) – A corps of cadets.
camel (camelo) – A caravan, flock, herd, train of camels.
candidate (candidato) – A slate of candidates.
cardinal (cardeal) – A conclave, radiance of cardinals.
card (carta) – A deck, pack, hand of cards.
caribou (caribu) – A herd of caribous.
car (car) – A fleet, mayhem, stack of cars.
caterpillar (lagarta) – An army of caterpillars.
cat (gato) – A clowder, cluster, destruction, dout, glaring, kindle, litter, pounce of cats.
cat and dog (gato e cão) – A rain of cats and dogs.
cattle (gado) – A drift, drove, kine, mob, herd, team, yoke (2) of cattle.
cavalry (cavalaria) – A troop of cavalry, a squadron of cavalry.
chamois (camurça) – A herd of chamois
cheerleader (líder de torcida) – An array of cheerleaders.
cheetah (chita) – A coalition of cheetahs.
chess player (jogador de xadrez) – A board, brood of chess players.
chicken (frango, galinha) – A brood, chattering, cletch, clutch, flock, peep of chickens.
child (criança) – An ingratitude, crowd, class of children.
chimpanzee (chimpanzé) – A whoop, family, cartload of chimpanzees.
chinchilla (chinchila) – A colony, herd of chinchillas.
churchgoer (devoto) – A congregation of churchgoers.
circuit (circuito) – A bank of circuits.
clam (marisco) – A bed of clams.
cloud (nuvem) – A soufflé, scurry, bank of clouds.
cobra (naja) – A quiver of cobras.
cockatoo (cacatua) – A chattering, clattering, cluttering, family of cockatoos.
cockroach (barata) – An intrusion, or swarm of cockroaches.
cod (bacalhau) – A lap, school of cod.
coin (moeda) – A roll, or roleau of coins.
colt (potro) – A rack, rag, or rake of colts.
comedian (comediante) – A gaggle, riot of comedians.
computer (computador) – A cluster, network of computers.
coney (coelho) – A bury, game of coneys.
convict (condenado) – A gang, chain convicts.
coot (galeirão) – A commotion, cover, fleet, flock, pod, raft, rasp, swarm of coots.
cormorant (cormorão) – A flight, gulp of cormorants.

SUBJECT ► COLLECTIVE TERM

cow (vaca) – A drift, drove, flink, herd, kine, mob of cows.
coyote (coiote) – A band, pack, rout, or run of coyotes.
crane (grou) – A herd, sedge, siege, or flock of cranes.
creature (criatura) – A bestiary of mythological creatures.
cricket (grilo) – An orchestra of crickets.
crocodile (crocodilo) – A bask, congregation, float, or nest of crocodiles.
crow (corvo) – A cauldron, caucus, congress, cowardice, hover, murder, muster, parcel, storytelling of crows.
cub (filhote) – A litter of cubs.
curlew (maçaricão) – A head, herd, salon, skein, wedge of curlews.
deer (cervo) – A bunch, herd, parcel, mob, brace (2), leash (3) of deer.
demon (demônio) – A legion of demons.
devil (diabo) – A bombast of devils.
director (diretor) – A gild, drove, board of directors.
document (documento) – A wealth, dossier of documents.
dogfish (cação) – A troop of dogfish.
dog (cão) – A kennel, pack, brace (2), leash (3) of dogs.
dolphin (golfinho) – A herd, flock, pod, school, team of dolphins.
donkey (burro) – A herd, drove, pace of donkeys.
dove (pomba) – An arc, a cote, dole, dule, exaltation, flight, piteousness, prettying of doves.
dragonfly (libélula) – A cluster, flight of dragonflies.
drink (bebida) – A round of drinks.
drone (zangão) – A swarm, squadron of drones.
duck (pato) – A brace, bunch, flush, flock, skein, sord, string of ducks; badelynge (on the ground); paddling (swimming); flight, plump, team (flying); dopping of ducks (diving).
dung (esterco) – A pile of dung.
eagle (águia) – An aerie, a convocation, jubilee, soar, spread of eagles.
eel (enguia) – A fry, swarm of eels.
egg (ovo) – A clutch of eggs.
ego (ego) – A pumphouse of egos.
elector (eleitor) – A college of electors.
elephant (elefante) – A herd, memory, parade of elephants.
elk (alce) – A gang, herd of elk.
elf (duende) – A drove of elves.
emotion (emoção) – A wash of emotions.
employee (empregado) – A staff of employees.
emu (avestruz Australiana) – A mob of emus.
fairy (fada) – A herd, tizzy of fairies.
falcon (falcão) – A soar, tower, cast (pair) of falcons.
ferret (furão) – A business, cast, fesnyng of ferrets.
fish (peixe) – A catch, draught, drift, fray, haul, kettle, run, scale, school, shoal of fish.
flamingo (flamingo) – A flamboyance, flurry, regiment, skein, stand of flamingos.
fly (mosca) – A business, cloud, grist, hatch, swarm of flies.

SUBJECT ► COLLECTIVE TERM

flower (flor) – A bunch, bouquet of flowers.
fox (raposa) – An earth, lead, skulk, troop, leash (3) of foxes.
friar (frei) – A scull, skulk of friars.
frog (rã) – A army, colony, knot, froggery of frogs.
fungus (fungo) – A colony of fungi.
gargoyle (gárgula) – An audacity of gargoyles.
garlic (alho) – A bulb, rope of garlic.
goose (ganso) – A flock, gaggle, trip, team, nide, gaggle (on water), skein (in flight), wedge (flying in a "V") of geese.
ghost (fantasma) – A fraid, fright, congress of ghosts.
giraffe (girafa) – A corps, herd, troop, tower, stretch, totter, journey of giraffes.
girl (garota) – A giggle, bevy (beautiful) of girls.
gnat (borrachudo) – A cloud, clout, horde, swarm of gnats.
gnome (gnomo) – A lawn of gnomes.
gnu (gnu) – An implausibility, a herd of gnus.
goat (bode, cabra) – A drove, flock, herd, tribe, trip of goats.
goblin (duende) – A malignity of goblins.
gods (deuses) – A pantheon of gods.
goldfinch (pintassilgo) – A drum, charm, glister, chattering, troubling of goldfinches.
golf ball (bola de golfe) – A flight of golf balls.
goosander (merganso) – A dopping of goosanders.
gorilla (gorila) – A band, woop of gorillas.
gosling (gansinho) – A shoal, skein of goslings.
gossip (fofoca) – A dish of gossips.
grammarian (gramático) – A conjunction of grammarians.
grandparents (avós) – A nag, wisdom of grandparents.
grape (uva) – A bunch, cluster of (sour) grapes.
grass (grama) – A fistful of grasses.
grasshopper (gafanhoto) – A cloud, cluster, swarm of grasshoppers.
gremlin (diabrete) – A devilry of gremlins.
greyhound (galgo) – A gallop, leash of greyhounds.
griffin (grifo) – A pryde of griffins.
grit (saibro) – A mess of grits.
grouse (galo-silvestre) – A brood, lek, pack, flight, covey (family), brace (2), drumming (mating call) of grouse.
guinea pig (porquinho-da-índia) – A group of guinea pigs.
gull (gaivota) – A colony, pack, screech of gulls.
hacker (hacker) – A cruft of hackers.
hair (cabelo) – A tuz, lock, wig of hair.
hamster (criceto) – A horde of hamsters.
hare (lebre) – A down, husk, huske, trace, flick, herd, kindle, trip, drove, warren, swarm, leap, leash (3) of hares.
harp (harpa) – A twangle of harps.

SUBJECT ► COLLECTIVE TERM

hartebeest (antílope) – A herd of hartebeest.
hart (cervo adulto) – A herd of harts.
hawk (falcão) – An aerie, a boil, schizophrenia, moulting, screw, stream, kettle, leash (3), cast (released after game) of hawks.
hedgehog (porco-espinho) – A prickle, an array of hedgehogs.
helicopter (helicóptero) – A hover of helicopters.
helper (ajudante) – A hamper of helpers.
hen (galinha) - A brood, battery, parcel of hens.
heron (garça) – A hedge, siege, sedge, sege, station, rookery, flight, colony of herons.
herring (arenque) – A glean, shoal, an army of herrings.
hill (colina) – An undulation of hills.
hind (fêmea do veado) – A parcel of hinds.
hippopotamus (hipopótamo) A herd, bloat, crash, pod, school, thunder of hippopotami.
hog (suíno) – A drift, drove, parcel, passel of hogs.
hoodlum (arruaceiro) – A gang of hoodlums.
hornet (vespão) – A bike, nest, swarm of hornets.
horse (cavalo) – A herd, troop, string, drove, remuda, stable, stud, team, harras (breeding), pair, span (2) of horses.
horseman (cavaleiro) – A cavalcade of horsemen.
hound (cão de caça) – A cry, hunt, meet, kennel, mute, pack, stable, sute, brace (2), leash (3) of hounds.
house (casa) – A huddle of houses.
hummingbird (colibri) – A charm, shimmer, glittering, bouquet, chattering, drum, troubling, hover of hummingbirds.
hyena (hiena) – A cackle, clan of hyenas.
iceberg (iceberg) – A crush, drift of icebergs.
icon (ícone) – A shield of icons.
iguana (iguana) – A mess of iguanas.
impala (impala) – A couple of impalas.
impediment (obstáculo) – A vagary of impediments.
incubus (íncubo) – A party of incubi.
information (informação) – A wealth of information.
insect (inseto) – A flight, cloud, swarm, plague, horde, rabble of insects.
instrument (instrumento) – A parley of musical instruments.
island (ilha) – A chain, an archipelago of islands.
jackdaw (gralha) – A train, pair, band of jackdaws.
jay (gaio) – A band, cast, party, scold of jays.
jellyfish (água-viva, medusa) – A fluther, smack, smuth, smuck, studk, stuck of jellyfish.
jewel (joia) – A cache of jewels.
judge (juíz) – A bench, sentence, bevy of judges.
kangaroo (canguru) - A flock, troop, mob, court of kangaroos.
kestrel (falcão europeu) – A flight, soar of kestrels.
key (chave) - A ring, bunch of keys.

SUBJECT ► COLLECTIVE TERM

kid (cabrito) – A caper of kids.
king (rei) – A dynasty of kings.
king & queen (rei e rainha) – A line of kings and queens.
kite (águia) – A kettle, soar, roost of kites.
kitten (filhote) – A kindle, litter (cats), wrack (rabbits) of kittens.
kleptomaniac (cleptomaníaco) – A clutch of kleptomaniacs.
knot (nó) – A medusa, cluster of knots.
lamb (cordeiro) – A fall, rack of lambs.
lark (cotovia) – A bevy, flight, happiness, springful, an ascension, exaltation, exalting of larks.
law (lei) – A strangle of bad laws.
leaf (folha) – An autumn of leaves.
lecturer (conferencista) – A drift of lecturers.
leopard (leopardo) – A leap, lepe of leopards.
leper (leproso) – A colony of lepers.
linguist (linguista) – A babble of linguists.
linnet (pintarroxo) – A parcel of linnets.
lion (leão) – A pride, sault, sowse, troop, flock of lions.
listener (ouvinte) – A fascination, an audience of listeners.
lizard (lagarto) – A lounge of lizards.
llama (lhama) – A herd of llamas.
local (local) – A plague of locals.
locust (locusta) – A plague, cloud, swarm of locusts.
lorry (caminhão) – A fleet, convoy of lorries.
louse (piolho) – A colony, flock, an infestation of lice
lovebird (periquito) – A pair, an orgy of lovebirds.
luminary (astro) – An array of luminaries.
lynx (lince) – A chain of lynx.
machine gun (metralhadora) – A nest of machine guns.
mackerel (cavala) – A shoal of mackerel.
magistrate (magistrado) – A bench of magistrates.
magpie (pega) – A congregation, charm, flock, gulp, murder, tiding, tittering, tribe of magpies.
mallard (pato selvagem) – A lute, battling, puddling, sord, sute, flush of mallards.
map (mapa) – An atlas of maps.
marching band (banda em marcha) A Sousa of marching bands.
mare (égua) – A stud, an overbearance of mares.
marten (marta) – A richness, richesse of martens.
mechanic (mecânico) – A clutch, torque of mechanics.
man (homem) – A band, host of men.
mink (visão) – A richness of minks.
minnow (carpa) – A shoal, steam, stream, swarm of minnows.
minotaur (minotauro) – A snarl of minotaurs.
miser (avaro) – A horde of misers.
mite (ácaro) – A mite of mites.

SUBJECT ► COLLECTIVE TERM

mockingbird (tordo-dos-remédios) – A plagiary, precision, ridicule, an impression, exactness, echo of mockingbirds.
model (modelo) – A slouch of models.
mole (toupeira) – A company, labour, movement, an arbour of moles.
monarch (monarca) – A dynasty of monarchs.
money (dinheiro) – A wad, rouleau, cache of money.
mongoose (mangusto) – A band, pack of mongooses.
mongrel (híbrido) – A ménage of mongrels.
monitor (monitor) – A bank of monitors.
monkey (macaco) – A barrel, machination, mission, tribe, troop, troup, cartload, wilderness of monkeys.
moose (alce) – A herd of moose.
mosquito (mosquito) – A scourge, swarm of mosquitoes.
mountain (montanha) – A range of mountains.
mourner (lamentador) – A cortege, pathos of mourners.
mouse (camundongo) – A nest, horde, mischief of mice.
mudhen (frango-d'água) – A fleet of mudhens.
mule (mula) – A barren, pack, rake, string, span (2) of mules.
musician (músico) – A band, an orchestra of musicians.
mussel (mexilhão) – A bed of mussels.
native (nativo) – A tribe of natives.
niece (sobrinha) – A squeal of nieces.
nightingale (rouxinol) – A watch, match, pray, kettle of nightingales.
noun (substantivo) – A collective, propriety of nouns.
nun (freira) – A prey, flap, convent, superfluity, murmur of nuns.
object (objeto) – A collection of objects.
onion (cebola) – A ring, rope, bushel, bag, bunch of onions.
onlooker (espectador) – A crowd, fascination of onlookers.
orangutan (orangotango) – A buffoonery of orangutans.
orchid (orquídea) – A coterie of orchids.
ostrich (avestruz, ema) – A wobble, pride, flock of ostriches.
otter (lontra) – A romp, family, raft, bevy, ramp of otters.
owl (coruja) – A parliament, stare, wisdom, sagaciousness of owls.
ox (boi) – A span, meinie, team, drove, herd, yoke (2) of oxen.
oyster (ostra) – A bed, hive, set (young) of oysters.
pacifier (pacificador) – A troop of pacifiers.
pagan (pagão) – A forest of pagans.
paisley (tecido de lã) – A swirl of paisleys.
paper (papel) – A pad, real of paper.
parrot (papagaio) – A company, flock, pandemonium, prattle, psittacosis of parrots.
particular (pormenor) – A bill of particulars.
partridge (perdiz) – A covey, bevy, cover, brace, warren, clutch of partridges.
peacock (pavão) – A muster, pride, pulchritude, an ostentation of peacocks.

SUBJECT ► COLLECTIVE TERM

pearl (pérola) – A rope, string of pearls.
pea (ervilha) – A pod of peas.
pelican (pelicano) – A brief, rookery, scoop, colony, raft, squadron, pod of pelicans.
penguin (pinguim) – A colony, rookery, crèche, formality, huddle, parcel, parade, waddle (on dry land) of penguins.
people (pessoas) – A congregation, crowd of people.
perch (perca) – A pack of perch.
peregrine (peregrino) – A cadge of peregrines.
performer (artista) – A troup(e) of performers.
phantom (fantasma) – A phantasmagoria, rumpus of phantoms.
pheasant (faisão) – A covey, nest, head, warren, nye, nide, bouquet of pheasants.
pig (porco) – A drove, fleet, herd, sounder, litter of pigs.
pigeon (pombo) – A loft, flock, kit, flight of pigeons.
piglet (leitão) – A farrow, passel, litter of piglets.
pilchard (sardinha) – A shoal, school of pilchards.
plane (avião) – A stack of planes.
planet (planeta) – A quincunx of planets.
plankton (plankton) – A cloud of plankton.
plan (plano) – A breakdown of plans.
player (jogador) – A cry, huddle, retinue, cast, company, team of players; a stud of poker players.
playingcard (carta de baralho) – A pack, deck of playingcards.
plover (tarambola) – A congregation, stand, band, leash, wing, flight of plovers.
pochard (pato mergulhador) – A rush, flight, knob of pochard.
poem (poema) – An anthology of poems.
polar bear (urso-polar) – A pack, an aurora of polar bears.
pony (pônei) – A string of ponies.
porcupine (porco-espinho) – A prickle of porcupines.
porpoise (boto) – A herd, pod, school, gam, turmoil of porpoises.
possum (gambá) – A passel of possum.
poultry (aves domésticas) – A run of poultry.
professor (catedrático) – A pomposity, an entrenchment of professors.
prose (prosa) – An anthology of prose.
puddle (poça) – A splash of puddles.
puffin (papagaio-do-mar) – A raft, improbability, circus, loomery of puffins.
pun (jogo de palavras) – A groan of puns.
puppy (filhote) – A litter, piddle of puppies.
quail (codorniz) – A bevy, flush, knob, rout, shake, covey, drift of quail.
rabbit (coelho) – A bury, berry, colony, drove, herd, leash, nest, trace, trip, warren, wrack of rabbits.
raccoon (guaxinim) – A mask, gaze, nursery of raccoons.
racehorse (cavalo de corrida) – A field, meet, string of racehorses.
radiologist (radiologista) – A series of radiologists.
rainbow fish (tipo de truta) – A party of rainbow fish.
rat (rato) – A colony, mischief, pack, rabble, swarm, horde, plague of rats.

SUBJECT ► COLLECTIVE TERM

raven (corvo) – A conspiracy, storytelling, tower, aerie, parliament, constable, unkindness of ravens.
reason (razão) – A rainbow of reasons.
refugee (refugiado) – A flight of refugees.
reporter (repórter) – A scoop of reporters.
reviewer (revisor) – A pan of reviewers.
rhinoceros (rinoceronte) – A crash, herd, stubbornness of rhinoceroses.
rib (costela) – A rack of ribs.
rioter (agitador) – A melee of rioters.
roach (barata) – A shoal of roaches.
robber (ladrão) – A band of robbers.
robin (tordo) – A worm of robins.
robot (robô) – A clangor of robots.
roe deer (corça) – A bevy of roe deer.
rook (gralha) – A building, congregation, shoal, wing, clamour, storytelling, parliament of rooks.
ruler (governante) – A house of rulers.
sailor (marinheiro) – A crew, deck of sailors.
saint (santo) – A calendar of saints
salmon (salmão) – A bind, school, shoal, draught, run, leap of salmon.
sandpiper (maçarico) – A fling of sandpipers.
sardine (sardinha) – A family of sardines.
satellite (satélite) – A constellation of satellites.
scholar (bolsista, estudante) – A brow of scholars.
schoolboy (escolar) – A rout of schoolboys.
scout (escoteiro) – A woggle of scouts.
sea fowl (ave marinha) – A cloud of sea fowl.
seagull (gaivota) – A flock, flotilla, screech, squabble, scavenging of seagulls.
seahorse (cavalo-marinho) – A herd of seahorses.
seal (foca) – A plum, herd, team, pod, bob, colony, crash, harem, plump, rockery, rookery, spring of seals.
senator (senador) – A compromise, house, pomposity of senators.
shark (tubarão) – A shiver, school, shoal of sharks.
sheep (ovelha) – A flock, mob, herd, drift, drove, fold, wing, trip, hurtle, down, meinie, parcel of sheep.
sheet (folha de papel) – A pad of sheets.
sheldrake (merganso) – A doading, dopping of sheldrakes.
shell (concha) – A midden of shells.
shell (projétil) – A salvo, broadside of shells.
shepherd (pastor) – A Sodom of shepherds.
sheriff (xerife, autoridade executiva) – A posse of sheriffs.
ship (navio) – A fleet, flotilla, an armada of ships.
shopper (comprador) – A crush of shoppers.
show dog (cão de espetáculos) A bench of show dogs.
shrimp (camarão) – A troupe of shrimps.

SUBJECT ► COLLECTIVE TERM

silver fox (raposa prateada) – A richness of silver foxes.
singer (cantor) – A choir, harmony of singers.
skunk (cangambá) – A stench, surfeit of skunks.
slave (escravo) – A coffle of (chained) slaves.
slug (lesma) – A cornucopia of slugs.
smoker (fumante) – A billow, hack of smokers.
snail (caracol) – A rout, escargatoire, walk of snails.
snake (cobra) – A bed, knot, trogle, den, nest, pit, slither of snakes; a rhumba of rattle snakes.
snipe (narceja) – A wisp, leash, volley, whisper, walk (at rest) of snipes.
soldier (soldado) – A boast, company, division, muster, platoon, troop, squad, brigade, an army of soldiers.
sophomore (estudante do 2º ano) – A platitude of sophomores.
sparrow (pardal) – A host, tribe, meinie, quarrel, an ubiquity of sparrows.
spider (aranha) – A cluster, clutter of spiders.
spy (espião) – A treachery of spies.
sponsor (patrocinador) – A splurge of sponsors.
squirrel (esquilo) – A dray, scurry, colony of squirrels.
stair (escada, degrau) – A flight of stairs.
starlet (artista jovem) – A cupful, galaxy, preen, wiggle of starlets.
starling (estorninho) – A clutter, chattering, constellation, filth, flight, vulgarity, cloud, congregation, murmuration of starlings.
star (estrela) – A constellation, galaxy, wonder of stars.
statistician (estatístico) – A number of statisticians.
stick (graveto) – A fagot of sticks.
stockbroker (corretor da Bolsa) – A portfolio of stockbrokers.
stork (cegonha) – A muster, mustering, phalanx, silence, swoop, flight of storks.
straphanger (passageiro em pé) – A puree of straphangers.
student (estudante) – A class, failing, flunk of students.
submarine (submarino) – A pack, wolfpack of submarines.
succubus (súcubo) – An opulence of succubi.
suitcase (valise) – A pack of suitcases.
suitor (requerente) – A bleach, swarm of suitors.
superhero (super-herói) – A league of superheroes.
surfbird (tarambola) – A board, kahuna of surfbirds.
surfer (surfista) – A wave, whale of surfers.
surprise (surpresa) – A boo of surprises.
surveyor (agrimensor) – A chain of surveyors.
suspect (suspeito) – A fidget of suspects.
swallow (andorinha) – A flight, gulp, kettle, swoop, richness of swallows.
swan (cisne) – A ballet, bank, bevy, drift, game, herd, lamentation, regatta, squadron, sounder, team, whiteness, whiting, wedge (in a "V"), an eyrar of swans.
swift (andorinhão migrante) – A flock, drift, screaming, swoop of swifts.
swimmer (nadador) – A raft, a league (long distance) of swimmers.

SUBJECT ► COLLECTIVE TERM

swine (suíno) – A drove, herd, sounder, trip, drift (wild) of swine.
swordfish (peixe-espada) – A flotilla of swordfish.
tank (tanque) – A clank, clatter of tanks.
tapir (anta, tapir) – A candle of tapirs.
task (tarefa) – An agenda of tasks.
taxi (táxi) – A charge of taxis.
teacher (professora) – A staff, faculty, quiz of teachers.
teal (marreco) – A diving, spring, string, raft, knob, bunch, coil of teal(s).
teddy bear (ursinho) – A hug of teddy bears.
tennis game (jogo de tênis) – A set of tennis games.
termite (cupim) – A colony, swarm of termites.
terrier (terrier) – A terror of terriers.
terrorist (terrorista) – A cell of terrorists.
test (teste) – A battery of tests.
thief (ladrão) – A den, skulk of thieves.
thing (coisa) – A bunch, cluster of things.
thrush (tordo) – A mutation of thrushes.
tiger (tigre) – A hide, streak, an ambush of tigers.
tinker (cavalinha) – A wandering of tinkers.
toad (sapo) – A knot, lump, nest, knob of toads.
tortoise (tartaruga terrestre) – A creep of tortoises.
toucan (tucano) – A durante of toucans.
tourist (turista) – A flock, throng, glaze of tourists.
toy (brinquedo) – An assembly of toys.
trainer (treinador) – A torment of trainers.
trash (lixo) – A heap of trash.
tree (árvore) – A clump, forest, grove, stand, thicket, stillness of trees.
troop (tropa) – A parel of troops.
trout (truta) – A hover, shoal of trout.
truck (caminhão) – A convoy of trucks.
tuba (tuba) – A tumult of tubas.
tuna (atum) – A float, troup of tuna.
turd (fezes) – A steam of turds.
turkey (peru) – A brood, death-row, flock, dole, dule, gang, posse, raffle, rafter, raft of turkeys.
turtledove (rola) – A pitying, dule, peerage of turtledoves.
turtle (tartaruga) – A bale, dule, turn of turtles.
umbrella (guarda-chuva) – A phalanx of umbrellas.
viper (víbora) – A nest, generation of vipers.
virus (vírus) – A culture of viruses.
vole (rato-do-mato) – A colony of voles.
vulture (abutre) – A wake, nest, colony, looming, meal, vortex of vultures.
wager (aposta) – A book of wagers.
wallaby (canguru pequeno) – A mob of wallabies.

SUBJECT ► COLLECTIVE TERM

walrus (morsa) – A herd, pod, huddle, an ugly of walruses.
wasp (vespa) – A nest, bike, colony, pail of wasps.
waterfowl (ave aquática) – A bunch, plump, knob, raft of waterfowl .
weasel (doninha) – A sneak, pack, gang of weasels.
weed (erva daninha) – A stash of weed.
whale (baleia) – A gam, plump, herd, mob, pod, school, float, shoal, run, troupe, grind of whales.
whiting (abrotéa) – A pod of whiting.
wigeon (pato selvagem) – A coil, company, trip, flight, bunch, knob, raft of wigeon.
wikipedian (wikepedian) – A page of wikipedians.
wildcat (lince) – A destruction, dout of wildcats.
wildebeest (gnu) – A herd of wildebeest.
wildfowl (aves selvagens) – A know, plump, bunch, trip, knob, lute, scry, skein, sord of wildfowl.
windmill (moinho de vento) – A tilt of windmills.
winning (lucro) – A purse of winnings.
witch (bruxa) – A coven, an incantation of witches.
wolf (lobo) – A herd, pack, rout(e) of wolves.
wombat (vombate) – A warren, mob of wombats.
woodcock (galinhola) – A fall, covey, plump, flight of woodcocks.
woodpecker (pica-pau) – A descent, descension, gatling of woodpeckers.
word (palavra) – A babel of words.
worm (minhoca) – A clew, wriggle of worms.
worshiper (devoto) – A congregation of worshipers.
wren (cambaxirra) – A herd, flock of wrens.
wrestler (lutador) – A clutch, crunch of wrestlers.
writer (escritor) – A worship, block, blurb, canon, cast, creation of writers; an absurdity, address, anthology of writers.
yolk (gema) – A burden of yolks.
zebra (zebra) – A herd, cohort, stripe of zebras.
zombie (zumbi) – A vexation of zombies.

TOP UNCOUNTABLE NOUNS (MASS NOUNS)

Substantivos Incontáveis denotam algo que não pode ser contado ou, algo cujos elementos não podem ser divididos (conceitos, substâncias, atributos etc.). Exemplos dos tipos comuns estão apresentados a seguir. Consulte a lista mais abrangente em **List of Uncountable Nouns** (p. 98).

Obs.: alguns substantivos dependem do contexto para serem classificados como contáveis ou incontáveis.

PROFESSIONAL FIELDS, STUDIES, LANGUAGES

(área profissional, estudos, idiomas)

accounting (contabilidade)
mechanics (mecânica)
medicine (medicina)
education (educação)
grammar (gramática)
literature (literatura)
music (música)
phonetics (fonética)
sociology (sociologia)
vocabulary (vocabulário)
French (francês)
Italian (italiano) etc...

ACTIVITIES, RECREATION, SPORTS

(atividades, recreação, esportes)

climbing (alpinismo)
dancing (dança)
homework (lição de casa)
cards (cartas)
checker (damas)
chess (xadrez)
music (música)
golf (golfe)
soccer (futebol) etc...

THINGS FORMED BY SMALL PARTS

(coisas formadas por pequenas partes)

cereal (cereal)
coffee (café)
corn (milho)
dust (poeira)
garlic (alho)
hair (cabelo)
lettuce (alface)
pepper (pimenta)
rice (arroz)
salt (sal)
sand (areia)
spice names (temperos)
spinach (espinafre)
wheat (trigo) etc...

FOOD, SOLIDS, MINERALS, MATERIALS
(comida, sólidos, minerais, materiais)

beef (carne de boi)
bread (pão)
butter (manteiga)
cheese (queijo)
chicken (frango)
fish (peixe)
toast (torrada)
chalk (giz)
cloth (tecido)
coal (carvão)
cotton (algodão)
fire (fogo)
glass (vidro)
glue (cola)
gold (ouro)
grass (grama)
ice (gelo)
lava (lava)
soap (sabão)
wood (madeira)
cement (cimento) etc...

CONCEPTS & IDEAS, FEELINGS, QUALITIES & STATES (conceitos, ideias, sentimentos, qualidades, estados)

advice (conselho)
anger (raiva)
beauty (beleza)
education (educação)
equality (igualdade)
experience (experiência)
fascism (fascismo)
information (informação)
intelligence (inteligência)
justice (justiça)
leisure (lazer)
peace (paz)
progress (progresso)
reality (realidade)
time (tempo)
trouble (problema)
chaos (caos)
happiness (felicidade)
health (saúde)
laziness (preguiça)
patience (paciência)
sadness (tristeza)
selfishness (egoísmo)
silence (silêncio)
strength (força)
wisdom (sabedoria)
youth (juventude) etc...

ILLNESSES (doenças)

arthritis (artrite)
flu (gripe)
hiccups (soluços)
lupus (lupus)
measles (sarampo)
mumps (caxumba)
polio (poliomielite)
smallpox (varíola)
tuberculosis (tuberculose) etc...

NATURAL PHENOMENA (fenômenos naturais)

cold (frio)
darkness (escuridão)
dew (orvalho)
gravity (gravidade)
heat (calor)
humidity (umidade) etc...

light (luz)
lightning (relâmpago)
rain (chuva)
snow (neve)
space (espaço)
moonlight (luar)
thunder (trovão)
time (tempo)
wind (vento) etc...

GASES (gases)

air (ar)
carbon (carbono)
ether (éter)
helium (hélio)
methane (metano)
nitrogen (nitrogênio)
pollution (poluição)
smoke (fumaça)
steam (vapor) etc...

GROUPS OF ITEMS (itens em grupos)

baggage (bagagem)
bedlinen (roupa de cama)
clothing (roupas)
cutlery (talheres)
equipment (equipamento)
food (comida)
footwear (calçados)
fruit (fruta)
furniture (mobília)
garbage (lixo)
jewelry (joias)
machinery (maquinário)
mail (correspondência)
money (dinheiro)
tableware (utensílios de mesa)
traffic (tráfego)
underwear (roupa de baixo)
vocabulary (vocabulário)
work (trabalho) etc...

LIQUIDS (líquidos)

beer (cerveja)
blood (sangue)
gasoline (gasoline)
juice (suco)
honey (mel)
milk (leite)
oil (óleo)
saliva (saliva)
soup (sopa)
tea (chá)
vodka (vodka)
water (água) etc...

PROCEDURES, SCIENTIFIC PROCESSES
(procedimentos, processos científicos)

anesthesia (anestesia)
dialysis (diálise)
fission (fissão)
fusion (fusão)
radar (radar)
sonar (sonar) etc...

LIST OF UNCOUNTABLE NOUNS

Uma lista de substantivos incontáveis bastante completa é apresentada a seguir, em ordem alfabética.

A

absence (ausência)
access (acesso)
accounting (contabilidade)
advertising (publicidade)
advice (conselho)
aggression (agressão)
agriculture (agricultura)
aid (ajuda)
air (ar)
alcohol (álcool)
anger (raiva)
applause (aplauso)
arithmetic (aritmética)
art (arte)
assistance (assistência)
atmosphere (atmosfera)
attention (atenção)

B

bacon (bacon)
baggage (bagagem)
basketball (basquete)
baseball (beisebol)
beauty (beleza)
beef (carne de boi)
beer (cerveja)
behavior (comportamento)
biology (biologia)
blood (sangue)
botany (botânica)
bread (pão)
business (negócio)
butter (manteiga)

C

carbon (carbono)
cardboard (papelão)
capacity (capacidade)
capitalism (capitalismo)
cash (dinheiro)
cement (cimento)
chalk (giz)
chaos (caos)
checkers (damas)
cheese (queijo)
chemistry (química)
chess (xadrez)
childhood (infância)
china (porcelana)
chocolate (chocolate)
clay (argila)
clothing (roupas)
coal (carvão)
coffee (café)
comfort (conforto)
commerce (comércio)
compassion (compaixão)
comprehension (compreensão)
concern (preocupação)
concrete (concreto)
confidence (confiança)
content (conteúdo)
corn (milho)
cookery (culinária)
corruption (corrupção)

cotton (algodão)
courage (coragem)
cream (creme)
currency (dinheiro)
cutlery (talheres)

D

damage (dano)
dancing (dança)
danger (perigo)
data (dados)
delight (deleite)
democracy (democracia)
depression (depressão)
design (projeto)
dessert (sobremesa)
dignity (dignidade)
dirt (terra)
disapproval (desaprovação)
distribution (distribuição)
doubt (dúvida)
draft (rascunho)
drought (seca)
dust (poeira)
duty (obrigação)

E

earth (terra)
economics (ciência; economia)
education (educação)
electricity (eletricidade)
electronics (eletrônica)
employment (emprego)
energy (energia)
engineering (engenharia)
English (língua; inglês)
enjoyment (prazer)
entertainment (entretenimento)
environment (meio ambiente)
envy (inveja)
equipment (equipamento)
ethics (ética)
evidence (evidência)
evil (mal)
evolution (evolução)
excitement (agitação)
existence (existência)
experience (experiência)

F

failure (fracasso)
faith (fé)
fame (fama)
fashion (moda)
fear (temor)
fiction (ficção)
finance (finanças)
fire (fogo)
fishing (pescaria)
flame (chama)
flesh (carne, poupa)
flour (farinha)
flu (gripe)
food (comida)
forgiveness (perdão)
freedom (liberdade)
fruit (fruta)
fuel (combustível)
fun (diversão)
furniture (mobília)

G

garbage (lixo)
garlic (alho)
gas (gás)
genetics (genética)
geography (geografia)
glass (vidro)
glue (cola)
gold (ouro)
golf (golfe)
gossip (fofoca)
grain (grão)
grammar (gramática)
grass (grama)
gratitude (gratidão)
grease (graxa, banha)
grief (mágoa)
ground (solo)
growth (crescimento)
guilt (culpa)
gum (chiclete)
gymnastics (ginástica)

H

hair (cabelo)
happiness (felicidade)
hardware (ferramentas)
harm (dano)
hate (ódio)
hatred (ódio)
hay (feno)
health (saúde)
heat (calor)
height (altura)
help (ajuda)
hiking (caminhada)
history (história)
homework (dever de casa)
honesty (honestidade)
honey (mel)
hope (esperança)
hospitality (hospitalidade)
housework (trabalhos domésticos)
humor (humor)
hunger (fome)
hunting (caçada)
hydrogen (hidrogênio)

I

ice (gelo)
ice-cream (sorvete)
importance (importância)
independence (independência)
industry (indústria)
inflation (inflação)
information (informação)
injustice (injustiça)
ink (tinta)
innocence (inocência)
insurance (seguro)
inspiration (inspiração)
intelligence (inteligência)
iron (ferro)
irony (ironia)

J K

jam (geleia)
jealousy (ciúmes)
jelly (gelatina)
jewelry (joias)
journalism (jornalismo)
joy (alegria)
judo (judô)
juice (suco)
justice (justiça)

karate (caratê)
ketchup (ketchup)
kindness (bondade)
knowledge (conhecimento)

L

labo(u)r (trabalho)
lack (falta)
land (terra)
laughter (riso)
lava (lava)
leather (couro)
leisure (lazer)
liberty (liberdade)
light (luz)
lightening (iluminação)
lightning (relâmpago)
linguistics (linguística)
liquid (líquido)
literature (literatura)
litter (ninhada, lixo)
livestock (criação)
logic (lógica)
loneliness (solidão)
love (amor)
loyalty (lealdade)
luck (sorte)
luggage (bagagem)

M

machinery (maquinário)
magic (mágica)
mail (correspondência)
maize (milho)
management (gestão)
mankind (humanidade)
marble (mármore)
mathematics (matemática)
mayonnaise (maionese)
measles (sarampo)
meat (carne)
medicine (medicina)
mercy (piedade)
metal (metal)
methane (metano)
milk (leite)
mint (menta)
mist (névoa)
money (dinheiro)
moonlight (luar)
mud (lama)
music (música)
mustard (mostarda)

N O

nature (natureza)
news (notícia/s)
newspaper (jornal)
nitrogen (nitrogênio)
noise (barulho)
nonsense (tolice)
nurture (alimentação)
nutrition (nutrição)
oat (aveia)
obedience (obediência)
obesity (obesidade)
oil (óleo, petróleo)
oxygen (oxigênio)

P

pain (dor)
paint (tinta)
paper (papel)
parking (estacionamento)
passion (paixão)
pasta (massa)
patience (paciência)
pay (pagamento)
peace (paz)
pepper (pimenta)
perfume (perfume)
permission (permissão)
petrol (gasolina)
philosophy (filosofia)
phonetics (fonética)
physics (física)
plastic (plástico)
pleasure (prazer)
poetry (poesia)
policy (política)
pollution (poluição)
pork (carne de porco)
Portuguese (português)
poverty (pobreza)
power (poder)
pressure (pressão)
pride (orgulho)
production (produção)
progress (progresso)
pronunciation (pronúncia)
protection (proteção)
psychology (psicologia)
publicity (publicidade)
punctuation (pontuação)
purity (pureza)

Q R

quality (qualidade)
quantity (quantidade)
quartz (quartzo)
racism (racismo)
rage (fúria)
rain (chuva)
reality (realidade)
reading (leitura)
recreation (recreação)
relaxation (relaxamento)
reliability (confiança)
relief (alívio)
religion (religião)
research (pesquisa)
respect (respeito)
revenge (vingança)
rice (arroz)
rock (rocha)
rope (corda)
room (espaço)
rubbish (bobagem, lixo)
rum (rum)
running (corrida)
rye (centeio)

S

sadness (tristeza)
safety (segurança)
salad (salada)
saliva (saliva)
salt (sal)
sand (areia)
satire (sátira)
sauce (molho)
scenery (cenário)
seafood (frutos do mar)
seaside (beira-mar)
shame (vergonha)
shopping (compra)
silence (silêncio)
silver (prata)
singing (canto)
slavery (escravidão)
sleep (sono)
smoke (fumaça)
smoking (fumar)
snow (neve)
soap (sabão)
soccer (futebol)
software (programa de computador)
soil (solo)
sorrow (pesar)

soup (sopa)
space (espaço)
spaghetti (espaguete)
Spanish (espanhol)
speed (velocidade)
spelling (grafia)
sport (esporte)
steam (vapor)
steel (aço)
stone (pedra)
strength (força)
stuff (coisas)
stupidity (estupidez)
success (sucesso)
sugar (açúcar)
sunshine (luz solar)
swimming (natação)
symmetry (simetria)

T

tea (chá)
teaching (ensino, pedagogia)
technology (tecnologia)
tennis (esporte; tênis)
thirst (sede)
thread (linha)
thunder (trovão)
timber (madeira)
time (tempo)
tissue (lenço de papel)
toast (torrada)
tolerance (tolerância)
toothpaste (pasta de dente)
trade (comércio)
traffic (tráfego)
training (treino)
transportation (transporte)
travelling (viagem)
trust (confiança)
truth (verdade)

U V

understanding (entendimento)
underwear (roupa de baixo)
unemployment (desemprego)
unity (unidade)
usage (uso)
validity (validade)
veal (carne de vitela)
vegetation (vegetação)
vengeance (vingança)
vinegar (vinagre)
violence (violência)
vision (visão)
vitality (vitalidade)
vocabulary (vocabulário)
vodka (vodka)

W

warmth (calor)
water (água)
wealth (riqueza)
weather (tempo)
weight (peso)
welfare (bem-estar)
wheat (trigo)
whiskey (uísque)
width (largura)
wildlife (animais selvagens)
wine (vinho)
wire (arame)
wisdom (sabedoria)
wood (madeira)
wool (lã)
work (trabalho)
writing (escrita)

Y Z

yeast (fermento)
yoga (ioga)
youth (juventude)
zinc (zinco)
zoology (zoologia)

VERBS

TOP ENGLISH VERBS

Os verbos mais usados em inglês (regulares e irregulares) são apresentados a seguir, em ordem alfabética.

Obs.: (*) verbos modais e verbos irregulares; (¨) verbos regulares ou irregulares.

A

accept (aceitar)
act (agir)
add (adicionar)
admit (admitir)
affect (afetar)
afford (ter recursos)
agree (concordar)
allow (permitir)
answer (responder)
appear (aparecer)
apply (solicitar)
argue (discutir)
arrive (chegar)
ask (perguntar)
avoid (evitar)

B

be* (ser, estar)
bear* (suportar)
beat* (bater)
become* (tornar-se)
begin* (começar)
believe (crer)
bite* (morder)
blow* (soprar)
break* (quebrar)
bring* (trazer)
build* (construir)
burn¨ (queimar)
buy* (comprar)

C

call (chamar)
can /could* (poder)
care (importar-se)
carry (carregar)
catch* (pegar)
change (trocar)
check (conferir)
choose* (escolher)
claim (reivindicar)
clean (limpar)
clear (clarear)
climb (subir)
close (fechar)
come* (vir)
compare (comparar)
complete (completar)
confirm (confirmar)
connect (conectar)
consider (considerar)
contact (contactar)
continue (continuar)
control (controlar)
cook (cozinhar)
copy (copiar)
correct (corrigir)
cost* (custar)
count (contar)
cover (cobrir)
create (criar)
cross (cruzar)
cry (chorar)
cut* (cortar)

D

damage (danificar)
dance (dançar)
deal* (negociar)
decide (decidir)
deliver (entregar)
demand (exigir)
deny (negar)
depend (depender)
describe (descrever)
destroy (destruir)
determine (determinar)
develop (desenvolver)
die (morrer)
discover (descobrir)
discuss (debater)
disturb (incomodar)
divide (dividir)
do* (fazer)
draw* (desenhar)
dress (vestir)
drink* (beber)
drive* (dirigir)
dry (secar)

E

eat* (comer)
end (terminar)
enjoy (apreciar)
enter (entrar)
examine (examinar)
expect (ter a expectativa)
explain (explicar)
express (expressar)

F

face (enfrentar)
fail (fracassar)
fall* (cair)
fasten (amarrar)
feed* (alimentar)
feel* (sentir)
fight* (lutar)
fill (encher)
find* (encontrar)
finish (terminar)
fire (disparar)
fit¨ (caber)
flow (fluir)
fly* (voar)
fold (dobrar)
follow (seguir)
forget* (esquecer)
forgive* (perdoar)
form (formar)

G

get* (conseguir)
give* (dar)
go* (ir)
grow* (crescer)
guess (adivinhar)
guide (guiar)

H

hand (entregar)
happen (acontecer)
hate (odiar)
have* (ter)
hear* (ouvir)
heat (aquecer)
help (ajudar)
hide* (esconder)
hit* (bater)
hold* (segurar)
hope (esperar)
hurt* (machucar)

I

identify (identificar)
imagine (imaginar)
improve (melhorar)
include (incluir)
increase (aumentar)
indicate (indicar)
influence (influir)
inform (informar)
intend (pretender)
introduce (apresentar)
invite (convidar)

J K L

join (unir)
jump (pular)
keep* (guardar)
kick (chutar)
kill (matar)
knock (bater)
know* (saber)
laugh (rir)
lay* (colocar)
lead* (conduzir)
learn* (aprender)
leave* (deixar, partir)
lend* (emprestar)
let* (permitir)
lie (mentir)
like (gostar)
list (listar)
listen (ouvir)
live (viver)
look (olhar)
lose* (perder)
love (amar)

M N

make* (fazer)
manage (administrar)
mark (marcar)
match (combinar)
may / might* (poder)
mean* (significar)
measure (medir)
meet* (encontrar)
mind (importar-se)
miss (perder, sentir falta)
move (mover)
must* (dever)
need (precisar)
notice (notar)

O

observe (observar)
occur (ocorrer)
offer (oferecer)
open (abrir)
order (pedir)
organize (organizar)
ought* (dever)
own (possuir)

P

paint (pintar)
park (estacionar)
pass (passar)
pay (pagar)
pick (escolher)
place (colocar)
plan (planejar)
plant (plantar)
play (brincar, jogar)
point (apontar)
practice (praticar)
prefer (preferir)
prepare (preparar)
present (apresentar)
prevent (impedir)
produce (produzir)
promise (prometer)
protect (proteger)
prove (provar)
provide (fornecer)
pull (puxar)
push (empurrar)
put* (pôr)

R

raise (levantar, criar)
reach (alcançar)
read* (ler)
receive (receber)
recognize (reconhecer)
record (registrar)
reduce (reduzir)
refuse (recusar)
relate (relatar)
release (soltar)
remain (permanecer)
remember (lembrar-se)
remove (remover)
repeat (repetir)
reply (responder)
report (reportar)
represent (representar)
require (exigir)
research (pesquisar)
rest (descansar)
return (retornar)
reveal (revelar)
ride* (montar, andar, viajar)
ring* (tocar)
rise* (subir)
run* (correr)

S

sail (velejar)
save (salvar, poupar)
say* (dizer)
see* (ver)
seem (parecer)
sell* (vender)
send* (enviar)
separate (separar)
set* (colocar)
shake* (agitar)
shall/ should* (exprimir intenção, obrigação, permissão)
share (compartilhar)
shoot (disparar)
shout (gritar)
show (mostrar)
sign (assinar)
sing* (cantar)
sit* (sentar)
sleep* (dormir)
smell* (cheirar)
smile (sorrir)
sound (soar)
speak* (falar)
speed* (acelerar)
spell (soletrar)
spend* (gastar, passar)
spread* (espalhar)
stand* (tolerar, permanecer)
start (começar)
state (declarar)
stay (ficar)
step (pisar)
stick (fincar)
stop (parar)
store (armazenar)
stretch (esticar)
study (estudar)
succeed (triunfar)
suffer (sofrer)
suggest (sugerir)
suit (servir)
supply (fornecer)
support (apoiar)
suppose (supor)
swim* (nadar)

T U

take* (pegar, tomar)
talk (conversar)
teach* (ensinar)
tell* (contar)
thank (agradecer)
think* (pensar)
throw* (arremessar)
touch (tocar)
travel (viajar)
treat (tratar)
try (tentar)
turn (tornar, virar)

understand* (entender)
underline (sublinhar)
use (usar)

V W

value (valorizar, avaliar)
view (olhar, inspecionar)
visit (visitar)
wait (esperar)
walk (andar)
want (querer)
warn (avisar)
wash (lavar)
watch (observer)
wear* (usar, vestir)
weigh (pesar)
will /would* (para formar futuro e condicional)
win* (vencer, ganhar)
wish (desejar)
wonder (perguntar-se)
work (trabalhar)
worry (preocupar-se)
write* (escrever)

TOP VERBS OF SOUNDS

Há verbos para expressar os mais diferentes sons. Muitos são onomatopeias (palavras que imitam sons). Os mais frequentes são apresentados a seguir, por tipo.

PEOPLE AND THINGS

SUBJECT ► VERB
air – whoosh (ar: sibilar)
airplane – zoom (avião: zunir)
bell – ring, peal (sino: repicar)
brake – screech (breque: guinchar)
bullet – ping (bala: zumbir, assobiar)
cane – swish (bengala: bater)
chain – crattle (corrente: chocalhar)
clock – tick, chime (relógio: soar)
coin – clink, jingle (moeda: tilintar)
computer – whir (computador: zunir)
cork – pop (rolha: estourar)
dishes – clatter (louça: retinir)
door – bang, slam (porta: bater)
drum – beat (tambor: repicar)
feet – tramp, shuffle (pés: ecoar)
fire – crackle (fogo: crepitar)
frying... – sizzle (fritura: chiar)
glass – tinkle (copo: tinir)
gun – boom (arma: troar)
heart – throb, beat (coração: palpitar)
hinge – creak (dobradiça: ranger)

SUBJECT ► VERB
hoof – thunder (casco: rebumbar)
horn – toot, hoot (buzina: fonfonar)
ice – crunch (gelo: ranger)
kettle – sing (chaleira: cantar)
leaves – rustle (folhas: farfalhar)
paper – crinkle, rustle (papel: farfalhar)
raindrop – patter (chuva: tamborilar)
saw – buzz (serra: zunir)
siren – wail (sirene: chorar)
steam – hiss (vapor: silvar)
stream – murmur (riacho: murmurar)
teeth – chatter (dentes: ranger)
telephone – buzz, ring (fone: tocar)
thunder – clap; peal; rumble (trovão: ecoar)
train – rumble (trem: ribombar)
trumpet – blare (trompete: retumbar)
watch – tick (relógio: tiquetaquear)
water – bubble, drip (água: borbulhar, gotejar)
whip – crack, lash (chicote: estalar)
wind – howl, sigh (vento: uivar, suspirar)
wing – whir (asa: zumbir, zoar)

ANIMALS

SUBJECT ► VERB
alligator – hiss, grunt, roar (jacaré: rugir)
ape – gibber (macaco: tagarelar)
ass – bray (burro: zurrar)

SUBJECT ► VERB
bat – screech (morcego: farfalhar)
bear – growl, groan, roar (urso: bramir)
bee – hum, buzz, murmur (abelha: zumbir)

SUBJECT ► VERB

beetle – drone, click (besouro: estalar)
bird – sing, cheep, chirp, peep (pássaro: pipilar, cantar)
blackbird – whistle (melro: assobiar)
bull – bellow (touro: mugir, bufar)
calf – bleat (bezerro: balir)
camel – grunt (camelo: grunhir)
cat – meow, mew, purr, hiss, yowl (gato: miar, ronronar)
cattle – moo, low, bawl, bellow (gado: mugir)
chick – cheep (filhote de ave: piar, gorjear)
chicken – peep, cackle, buck, chick, cluck (galinha: cacarejar)
chimpanzee – grunt, scream, chatter, screech, bark (chimpanzé: grunhir, gritar)
cicada – sing (cigarra: cantar, chiar)
cock – crow (galo: cocoricar)
cow – moo, low (vaca: mugir)
cricket – chirp, creak (grilo: chirriar, crilar)
crow – caw (gralha: grasnar)
cuckoo – cuckoo (cuco: cucular)
deer – bell (veado: bramar)
dog – bark, woof, growl (cão: latir, ladrar, ganir, rosnar, uivar)
dolphin – click (golfinho: estalar)
donkey – bray (burro: zurrar)
dove – coo, moan (pomba: arrulhar, gemer)
duck – quack (pato: grasnar)
eagle – scream (águia: gritar)
elephant – trumpet, roar (elefante: trombetear, bramir)
fly – buzz (mosca: zumbir)
fox – bark, yelp (raposa: latir, uivar)
frog – croak (sapo: coaxar)
goose – cackle, hiss, honk (ganso: grasnar)
giraffe – bleat, grunt (girafa: balir, grunhir)
grasshopper – chirp, pitter (gafanhoto: chichiar)
hamster – squeak (hamster: guinchar)
hare – squeak (lebre: guinchar)
hippo – bellow, rumble, roar, grow (hipopótamo: bramir, rugir)
horse – neigh, whinny (cavalo: relinchar)
hyena – laugh, scream, whoop (hiena: rir, gritar)

SUBJECT ► VERB

kitten – mew (gatinho: miar)
lamb – bleat (cordeiro: balir)
lark – sing, warble (cotovia: cantar, chilrear)
lion – roar (leão: rugir)
mouse – squeak, squeal (rato: chiar, guinchar)
monkey – chatter, gibber (macaco: tagarelar)
moose – bellow (alce: bramir)
mosquito – buzz (mosquito: zumbir)
nightingale – pipe, warble, jug (rouxinol: cantar, chilrear)
ostrich – chirp, low, hum (avestruz: trinar, zumbir)
owl – hoot, screech, wail (coruja: piar, guinchar)
parrot – talk, screech (papagaio: falar, guinchar)
peacock – scream (pavão: gritar)
pig – grunt, squeal, squeak (porco: grunhir)
porpoise – whistle, click (boto: assobiar, clicar)
rabbit – squeak (coelho: guinchar)
raccoon – chitter, trill (texugo: trinar)
rat – squeak (rato: guinchar)
raven – croak (corvo: grasnar)
rhinoceros – snort, bellow (rinoceronte: bufar, bramir)
seagull – scream, squawk (gaivota: gritar, guinchar)
seal – bark (foca: latir)
sheep – bleat, baa (ovelha: balir)
snake – hiss (cobra: sibila)
sparrow – chirp, twitter (pardal: gorjear)
squirrel – squeak, chatter (esquilo: guinchar, tagarelar)
swallow – titter (andorinha: rir)
swan – cry, hiss, grunt (cisne: gritar, sibilar, grunhir)
tiger – roar, growl (tigre: rugir, rosnar)
tortoise – grunt (tartaruga: grunhir)
turkey – gobble (peru: grulhar)
vulture – scream (abutre: gritar)
whale – sing (baleia: bufar, cantar)
wolf – howl, cry (lobo: uivar, ulular)
yak – low, moan (boi selvagem: mugir)
zebra – whinny (zebra: relinchar)

TOP NOUNS USED AS VERBS

Grande parte dos substantivos pode ser usada como verbo. Os mais comuns são apresentados a seguir, em ordem alfabética. Na fala, muitas vezes, a sílaba tônica muda de lugar. Ex: áddict – addíct, récord – recórd, désert – desért.

A

abstract (resumo; resumir)
abuse (abuso; abusar)
accent (acento; acentuar)
access (acesso; acessar)
ache (dor; doer)
act (ato; agir)
address (endereço; endereçar)
affect (afeto; afetar)
aim (objetivo; mirar)
alert (alerta; alertar)
answer (resposta; responder)
arm (arma; armar)
arrest (detenção; prender)
attack (ataque; atacar)
attribute (atributo; atribuir)

B

balance (equilíbrio; equilibrar)
bargain (barganha; barganhar)
battle (batalha; lutar)
beat (batida; bater)
bend (curva; curvar)
benefit (benefício; beneficiar)
blame (culpa; culpar)
block (bloco; bloquear)
blow (sopro; soprar)
bow (arco; curvar-se)
box (caixa; boxear)
break (quebra; quebrar)
brush (escova; escovar)
burn (queimadura; queimar)
burst (estouro; estourar)

C

call (ligação; ligar)
care (cuidado; cuidar)
cause (causa; causar)
certificate (certificado; certificar)
challenge (desafio; desafiar)
change (mudança; mudar)
charge (cobrança; cobrar)
cheat (trapaça; trapacear)
claim (reivindicação; reivindicar)
color (cor; colorir)
comb (pente; pentear)
comfort (conforto; confortar)
conflict (conflito; conflitar)
contact (contato; contatar)
contest (disputa; disputar)
contract (contrato; contratar)
contrast (contraste; contrastar)
control (controle; controlar)
copy (cópia; copiar)
cost (custo; custar)
cover (capa; cobrir)
crack (rachadura; rachar)
crash (colisão; colidir)
credit (crédito; creditar)
cross (cruz; cruzar)
crush (esmagamento; esmagar)
cure (cura; curar)
curve (curva; curvar)
cut (corte; cortar)

D

damage (dano; danificar)
dance (dança; dançar)
decrease (redução; reduzir)
defense (defesa; defender)
delay (atraso; atrasar)
demand (exigência; exigir)
desert (deserto; abandonar)
design (projeto; projetar)
diagnoses (diagnóstico; diagnosticar)
discharge (descarga; descarregar)
discord (discórdia; discordar)
discount (desconto; descontar)
dislike (aversão; desgostar)
display (exposição; expor)
dive (mergulho; mergulhar)
doubt (dúvida; duvidar)
drain (dreno; drenar)
draw (puxão; puxar)
dream (sonho; sonhar)
dress (vestido; vestir)
drill (exercício; exercitar)
drink (bebida; beber)
drive (passeio; passear)
dump (depósito de lixo; jogar fora)
dye (tintura; tingir)

E

echo (eco; ecoar)
email (e-mail; mandar email)
end (fim; terminar)
envelop (envelope; envelopar)
escape (evasão; escapar)
essay (tentativa; tentar)
esteem (estima; estimar)
estimate (estimativa; calcular)
exchange (troca; trocar)
excuse (desculpa; desculpar)
exhibit (exibição; exibir)
exit (saída; sair)
experience (experiência; experimentar)
export (exportação; exportar)
extract (extrato; extrair)

F

face (face; enfrentar)
fall (queda; cair)
favor (favor; favorecer)
fear (temor; temer)
fight (luta; lutar)
file (arquivo; arquivar)
fill (enchimento; encher)
finish (acabamento; acabar)
fish (peixe; pescar)
fix (reparo; consertar)
flash (brilho; brilhar)
float (boia; boiar)
flood (enchente; inundar)
floss (fio dental; passar fio dental)
flow (corrente; fluir)
flower (flor; florir)
fold (dobra; dobrar)
force (força; forçar)
form (forma; formar)
frame (moldura; emoldurar)
freeze (congelamento; congelar)
frequent (frequente; frequentar)
frown (carranca; franzir as sobrancelhas)
function (função; funcionar)

G

garden (jardim; jardinar)
gaze (contemplação; contemplar)
glue (cola; colar)
grease (gordura; engordurar)
grill (grelha; grelhar)
grimace (careta; fazer careta)
guarantee (garantia; garantir)
guard (guarda; guardar)
guess (suposição; supor)
guide (guia; guiar)

H

hail (granizo; saudar)
hammer (martelo; martelar)
harm (dano; danificar)
hate (ódio; odiar)
haul (puxão; arrastar)
head (cabeça; liderar)
heap (amontoado; amontoar)
heat (calor; aquecer)
help (ajuda; ajudar)
herd (rebanho; arrebanhar)
highlight (destaque; destacar)
hike (caminhada; caminhar)
hit (impacto; bater)
hold (pegada; pegar)
hook (anzol; fisgar)
hop (pulo; pular)
hope (esperança; esperar)
house (casa; abrigar)
hug (abraço; abraçar)
hunt (caçada; caçar)
hurl (arremesso; arremessar)
hurry (pressa; apressar)

I J

ice (gelo; gelar)
impact (impacto; impactar)
import (importação; importar)
incline (inclinação; inclinar)
increase (aumento; aumentar)
influence (influência; influir)
insult (insulto; insultar)
interest (interesse; interessar)
iron (ferro; passar)
itch (coceira; coçar)
jail (prisão; prender)
jam (amontoado; entupir)
joke (gracejo; gracejar)
judge (juiz; julgar)
jump (pulo; pular)

K L

kick (chute; chutar)
kiss (beijo; beijar)
knit (tricô; tricotar)
knock (batida; bater)
knot (nó; atar)
label (rótulo; rotular)
land (terra; aterrizar)
last (último; durar)
laugh (risada; rir)
lead (liderança; liderar)
leap (pulo; pular)
legate (legado; legar)
level (nível; nivelar)
license (autorização; autorizar)
lie (mentira; mentir)
lift (elevador; elevar)
light (luz; acender)
limit (limite; limitar)

link (ligação; ligar)
load (carga; carregar)
loan (empréstimo; emprestar)
lock (tranca; trancar)
look (olhada; olhar)
loop (volta; dar voltas)
love (amor; amar)

M

mail (correio; mandar por correio)
make (marca; fazer)
man (homem; operar)
march (marcha; marchar)
mark (sinal; marcar)
match (dupla; combinar)
mate (macho; acasalar)
matter (matéria; interessar)
mean (meio; significar)
measure (medida; medir)
milk (leite; ordenhar)
mind (mente; importar-se)
mine (mina; minerar)
misconduct (má conduta; prevaricar)
miss (falha; perder)
mistake (erro; confundir)
mop (esfregão; esfregar)
move (movimento; mover)
mug (caneca; assaltar)

N O

nail (prego; pregar)
name (nome; nomear)
need (necessidade; precisar)
nest (ninho; aninhar)
notch (entalhe; marcar)
note (nota; anotar)
notice (aviso; perceber)
number (número; numerar)
object (objeto; objetar-se)
offense (ofensa; ofender)
offer (oferta; oferecer)
oil (óleo; olear)
order (ordem; ordenar)
overlook (mirante; ignorar)
overrun (saldo excedente; exceder)

P

pack (pacote; empacotar)
pad (almofada; acolchoar)
paddle (remo; remar)
paint (tinta; pintar)
park (parque; estacionar)
part (parte; separar-se)
pass (passe; passar)
paste (massa; colar)
pause (pausa; pausar)
pat (tapinha; afagar)
pay (pagamento; pagar)
pedal (pedal; pedalar)
peel (casca; descascar)
perfume (perfume; perfumar)
permit (permissão; permitir)
phone (telefone; telefonar)
pick (escolha; escolher)
place (local; colocar)
plan (plano; planejar)
plane (avião; planar)
plant (planta; plantar)
play (jogo; jogar)
plow (arado; sulcar)
plug (plugue; plugar)
point (propósito; apontar)
poke (cutucada; cutucar)
pop (estalo; estalar)
post (correio; postar)
practice (prática; praticar)
praise (elogio; elogiar)

present (presente)
process (processo; processar)
produce (produto; produzir)
progress (progresso; progredir)
project (projeto; projetar)
promise (promessa; prometer)
protest (protesto; protestar)
pull (puxão; puxar)
pump (bomba; bombear)
punch (soco; socar)
push (impulso; empurrar)

Q R

quarrel (briga; brigar)
question (questão; questionar)
quiet (silêncio; aquietar)
quiz (teste; examinar)
quote (citação; citar)
race (corrida; correr)
rain (chuva; chover)
raise (aumento; aumentar)
rate (taxa; avaliar)
reach (alcance; alcançar)
reason (razão; raciocinar)
rebel (rebelde; rebelar-se)
recall (lembrança; lembrar-se)
record (registro; registrar)
reel (rolo; enrolar)
refuse (refugo; recusar)
regress (regresso; regressar)
reign (reino; reinar)
reject (refugo; rejeitar)
remake (uma nova versão)
rent (aluguel; alugar)
repair (concerto; consertar)
reply (resposta; responder)
report (relato; relatar)
request (pedido; pedir)
research (pesquisa; pesquisar)
reward (prêmio; premiar)
rhyme (rima; rimar)
ring (toque; tocar)
riot (motim; amotinar-se)
risk (risco; arriscar)
rock (balanço; balançar)
roll (rolo; rolar)
roost (poleiro; empoleirar-se)
root (raiz; enraizar)
row (fila; remar)
ruin (ruína; arruinar)
rule (regra; governar)
run (corrida; correr)

S

sail (vela; velejar)
sand (areia; jogar areia)
saw (serra; serrar)
scratch (rabisco; rabiscar)
screw (parafuso; aparafusar)
search (procura; procurar)
season (estação; temperar)
sense (noção; perceber)
shampoo (xampu; lavar)
shape (forma; moldar)
share (parte; dividir)
shelter (abrigo; abrigar)
shock (choque; chocar)
shop (loja; comprar)
show (exibição; mostrar)
sign (sinal; assinar)
signal (sinal; sinalizar)
silence (silêncio; silenciar)
sin (pecado; pecar)
sip (trago; tragar)
skate (patim; patinar)
sketch (esboço. esboçar)
ski (esqui; esquiar)
slice (fatia; fatiar)
slide (escorregador; deslizar)
slip (escorregão; escorregar)
smell (cheiro; cheirar)
smile (sorriso; sorrir)
smoke (fumaça; fumar)
snack (lance; lanchar)
snow (neve; nevar)
sound (som; soar)
span (período; abranger)
spot (lugar; localizar)
spray (borrifo; borrifar)
sprout (broto; brotar)
squash (esporte: squash; esmagar)
stain (mancha; manchar)
stamp (selo; selar)
stand (barraca; ficar de pé)
star (estrela; estrelar)
start (início; iniciar)
state (estado; declarar)
step (passo; pisar)
sting (ferrão; atormentar)

stop (parada; parar)
store (loja; armazenar)
storm (tempestade; atacar)
strip (faixa; despir-se)
stroke (golpe; alisar)
stroll (passeio; passear)
struggle (briga; brigar)
study (estudo; estudar)
stuff (coisas; socar)
stunt (dublê; dificultar)
subject (assunto; submeter)
suit (conjunto; adaptar)
supply (suprimento; abastecer)
support (apoio; apoiar)
surcharge (sobrecarga; sobrecarregar)
surf (surfe; surfar)
surprise (surpresa; surpreender)
suspect (suspeito; suspeitar)
survey (enquete; vistoriar)
swap (permuta; permutar)
swat (golpe; golpear)
sweat (suor; suar)
swing (balance; balançar)
switch (desvio; mudar)

T

tack (tachinha; fixar)
talk (conversa; conversar)
tan (bronzeado; bronzear)
tangle (emaranhado; emaranhar)
tap (batida leve; bater de leve)
taste (sabor; provar)
tax (imposto; taxar)
taxi (táxi; taxiar (avião)
tear (rasgão; rasgar)
test (teste; testar)
thunder (trovão; trovejar)
thought (pensamento; pensou)
tick (tique; ticar)
tie (laço; amarrar)
time (tempo; calcular)
tip (gorjeta; dar gorjeta)
toast (brinde; brindar)
touch (toque; tocar)
tour (excursão; viajar)
tow (reboque; rebocar)
trace (traço; traçar)
track (trilha; rastrear)
trade (comércio; negociar)
trail (rastro; seguir)
train (trem; treinar)
transfer (transferência; transferir)
transplant (transplante; transplantar)
transport (transporte; transportar)
trap (armadilha; deter)
travel (viagem; viajar)
treat (agrado; tratar)
trick (truque; enganar)
trim (acabamento; adornar)
trouble (problema; importunar)
trust (confiança; confiar)
try (tentativa; tentar)
tug (rebocador; puxar)
tumble (tombo; tropeçar)
tune (afinação; afinar)
turn (virada; virar)
twinkle (cintilação; cintilar)
twist (torção; torcer)
type (tipo; digitar)

U V

unbalance (desequilíbrio; desequilibrar)
underline (grifo; sublinhar)
upgrade (melhoramento; subir um nível)
uplift (elevação; levantar)
use (uso; usar)
vacuum (vácuo; aspirar com aspirador)
value (valor; valorizar)
vapor (vapor; vaporizar)
view (vista; inspecionar)
visit (visita; visitar)
voice (voz; expressar)
volunteer (voluntário; voluntariar-se)
vomit (vômito; vomitar)
vote (voto; votar)
vow (juramento; jurar)

W Y Z

walk (caminhada; caminhar)
waste (sobra; desperdiçar)
watch (vigilância; vigiar)
water (água; regar)
wave (onda; acenar)
wax (cera; encerar)
wear (uso; usar)
weight (peso, sobrecarregar)
whisper (sussurro; sussurrar)
whistle (apito; apitar)
wind (vento; ventilar)
wind (volta; enrolar)
wire (arame; instalar)
wish (desejo; desejar)
work (trabalho; trabalhar)
worry (preocupação; preocupar-se)
wrap (sanduíche enrolado; embrulhar)
wreck (ruína; arruinar)
yawn (bocejo; bocejar)
yield (rendimento; render)
zone (zona; dividir em zonas)

MISCELLANEOUS

TOP WORDS WITH THE SAME SOUND (HOMOPHONES)

Algumas palavras podem ter o mesmo som (homofônicas) mas grafia e significado diferentes. As mais frequentes estão apresentadas a seguir, em ordem alfabética.

Obs.: pronúncias e definições podem variar dependendo da fonte.

A

ad – add (propaganda; somar)
aid – aide (ajuda; assistente)
ail – ale (afligir; cerveja)
air – heir (ar; herdeiro)
ant – aunt (formiga; tia)
allowed – aloud (permitido; alto)
arc – ark (arco; arca)
ate – eight (pass. de eat: comer; oito)
auger – augur (escavador; augúrio)
aural – oral (aural; oral)
awful – woeful (medonho; pesaroso)

B

bad – bade (ruim; pass. de bid: oferecer)
bail – bale (afiançar; fardo)
bait – bate (isca; moderar)
bald – bawled (careca; pass. de bawl: berrar)

ball – bawl (bola; berrar)
band – banned (grupo; pass. de ban: proibir)
bare – bear (nu; urso)
beach – beech (praia; faia)
bean – been (feijão; part. pass. de be: ser, estar)
bear – bare (urso; nu)
bee – be (abelha; ser, estar)
been – bin (part. pass. de be; container)
beet – beat (beterraba; bater)
bell – belle (sino; bela)
berry – bury (fruta: baga; enterrar)
better – bettor (melhor; apostador)
birth – berth (nascimento; ancoradouro)
bite – byte (morder; oito bits)
bite – bight (morder; enseada)
bloc – block (grupo; quarteirão, bloquear)
blue – blew (azul; pass. de blow: soprar)
boar – bore (javali; passado de bear: aborrecer)
board – bored (quadro; entediado)
border – boarder (periferia; pensionista)
bough – bow (galho; curvar)
boy – buoy (menino; boiar)
brake – break (brecar; quebrar)
bread – bred (pão; pass. de breed: criar)
breech – breach (traseiro; romper)
bridal – bridle (nupcial; rédea, refrear)
broach – brooch (abordar; broche)
brood – brewed (ninhada; pass. de brew: fermentar)
browse – brows (olhar; pass. de brow: testa)
build – billed (construir; pass. de bill: cobrar)
but – butt (exceto; extremidade)
buy – bye (comprar; adeus)
buy – by (comprar; perto)

C

call – col (chamar; desfiladeiro)
caller – collar (quem telefona; colarinho)
cannon – canon (canhão; cânone)
canvas – canvass (lona; indagar)
capital – capitol (capital; Capitólio)
cash – cache (dinheiro; provisão)
cast – caste (elenco, lançar; casta)
caster – castor (quem lança; castor)
cause – caws (razão; pl. de caw: grasnar)
ceiling – sealing (teto; vedação)
cell – sell (cela; vender)
cellar – seller (porão; vendedor)
cent – scent (centavo; aroma)
cereal – serial (cereal; seriado)
cheap – cheep (barato; gorjeio)
check – cheque (verificar; cheque)
chews – choose (3ª pes. de chew: mascar; escolher)
cite – site (citar; local)
cite – sight (citar; vista)
clue – clew (dica; novelo)
coarse – course (áspero; rota)
conk – conch (pancada na cabeça; concha)
conscious – conscience (ciente; consciência)
complement – compliment (complemento; cumprimento)
cord – chord (corda; acorde)
council – counsel (grupo: conselho; recomendar)
cue – queue (dar a deixa; fazer fila)
cursor – curser (indicador; quem pragueja)
cymbal – symbol (címbalo; símbolo)

D

dam – damn (represa; maldito)
days – daze (pl. de day: dia; aturdido)
dear – deer (amado; veado)
die – dye (morrer; tingir)
dine – dyne (jantar; unidade de força)
discreet – discrete (discreto; distinto)
discussed – disgust (pass. de discuss: discutir; nojo)
do – dew (fazer; orvalho)
do – due (fazer; a pagar)
doc – dock (médico; doca)
done – dun (terminado; importunar um devedor)
dough – do (massa; dó: nota musical)
draft – draught (rascunho; a gust of wind)
dual – duel (dual; duelo)

E

earn – urn (ganhar; urna)
elusive – illusive (esquivo; ilusório)
ewe – you (ovelha; pron.: tu)
elude – illude (escapar; iludir)
eye – I (olho; pron.: eu)
eyelet – islet (orifício; ilha pequena)

F

fair – fare (imparcial; pagamento)
fairy – ferry (fada; balsa)
feat – feet (feito; pés)
feted – fetid (celebrado; fétido)
few – phew (poucos; interj. de alívio)
filter – philter (filtrar; poção)
find – fined (achar; pass. de fine: multar)
finish – Finnish (completar; finlandês)
fisher – fissure (pescador; fenda)
flair – flare (dom; chama)
flea – flee (pulga; fugir)
flex – flecks (flexionar; pl. de fleck: pinta)
flew – flu (pass. de fly: voar; gripe)
flew – flue (pass. de fly: voar; tubulação)
flow – floe (fluir; massa de gelo flutuante)
flower – flour (florir; farinha)
for – fore (para; frente)
for – four (para; quatro)
foreword – forward (prefácio; para a frente)
fort – forte (fortificação; ponto forte)
forth – fourth (adiante; número: quarto)
frees – freeze (3ª pes. de free: libertar; gelado)
freeze – frieze (gelado; friso)
foul – fowl (sujo; ave doméstica)
fur – fir (pele de animal; pinheiro)

G

gait – gate (modo de andar; portão)
genes – jeans (pl. de gene: gene; fustão de algodão: jeans)
gibe – jibe (zombar; concordar)
gnu – knew (antílope; pass. de know: saber)
gnu – new (antílope; novo)
gorilla – guerrilla (gorila; guerrilha)
grate – great (grade; ótimo)
grieve – greave (lamentar; parte da armadura)
grill – grille (grelhar; gradeamento)
groan – grown (gemido; adulto)
guest – guessed (convidado; pass. de guess: adivinhar)
guilt – gilt (culpado; dourado)
gym – Jim (ginásio; nome: Jim)

H

hail – hale (granizo; robusto)
hair – hare (cabelo; lebre)
hairy – Harry (cabeludo; nome: Harry)
hall – haul (corredor; puxar)
hay – hey (feno; interj.: ei)
heal – heel (curar; calcanhar)
hear – here (ouvir; aqui)
heart – hart (coração; cervo)
heard – herd (pass. de hear: ouvir; rebanho)
hew – hue (derrubar; matiz)
hi – high (saudação: olá; alto)
higher – hire (mais alto; contratar)
him – hymn (pron.: a ele; hino)
hoar – whore (geada; prostituta)
hoard – horde (acumular; horda)
hole – whole (buraco; inteiro)
holy – wholly (sagrado; totalmente)
horse – hoarse (cavalo; rouco)
hour – our (hora; posse: nosso/s, nossa/s)
humerus – humorous (úmero; cômico)

I J

idle – idol (ocioso; ídolo)
in – inn (dentro; hotel)
inc – ink (incorporação; tinta)
incite – insight (provocar; entendimento)
ingenious – ingenuous (brilhante; ingênuo)
its – it's (posse: dele, dela; redução de it is)
jewel – joule (joia; unidade de energia: joule)

K

key – quay (chave; cais)
knead – need (amassar; precisar)
knew – new (pass. de know: saber; novo)
knight – night (cavaleiro; noite)
knit – nit (tricotar; lêndea)
knob – nob (maçaneta; grã-fino)
knot – not (nó; não)
knot – nought (nó; zero)
know – no (saber; não)
knows – nose (3ª pes. de know: saber; nariz)

L

lain – lane (pass. de lay: pôr; pista)
lays – laze (3ª pes. de lay: pôr; vadiar)
lead – led (chumbo, liderar; pass. de lead: liderar)
leak – leek (vazamento; alho-poró)
lessen – lesson (reduzir; lição)
liken – lichen (comparar; líquen)
lie – lye (mentira; soda cáustica)
lightening – lightning (suavizador; raio)
loan – lone (empréstimo; solitário)
loath – loathe (relutante; detestar)
lumbar – lumber (lombar; serrar madeira)
lynz – links (lince; pl. de link: ligação)

M

made – maid (pass. de make: fazer; empregada doméstica)
mail – male (correio; macho)
main – mane (principal; juba)
mall – maul (shopping center; marreta)
manner – manor (modo; mansão)
maze – maize (labirinto; milho)
meat – meet (carne; encontrar-se)
medal – meddle (medalha; interferir)
might – mite (possível; ácaro)
missal – missile (missal; míssil)
missed – mist (pass. de miss: perder; névoa)
moan – mown (lamento; part. de mow: aparar)
morning – mourning (manhã; lamento)
mote – moat (cisco; fosso)
mousse – moose (musse; alce)
mule – mewl (mula; choramingar)
mussel – muscle (mexilhão; músculo)

N O

nip – neap (beliscão; maré baixa)
none – nun (nenhum; freira)
not – knot (negação; nó)
oh – owe (interj.; oh; ter débito)

one – won (um; pass. de win: vencer)
or – oar (ou; remo)
or – ore (ou; minério)
overdo – overdue (abusar; atrasado)

P

pact – packed (acordo; cheio)
pail – pale (balde; pálido)
pain – pane (dor; vidraça)
pair – pear (par; pera)
pallet – palate (catre; paladar)
past – passed (passado; pass. de pass: passar)
paste – paced (pasta; pass. de pace: passo)
patience – patients (paciência; pl. de patient: pacientes)
Paul – pall (nome: Paul; melancolia)
pause – paws (pausa; pl.: patas)
pea – pee (ervilha; fazer xixi)
peace – piece (paz; pedaço)
peak – peek (pico; dar uma espiada)
peal – peel (repicar; descascar)
pearl – purl (pérola; laçada)
pedal – peddle (pedal; distribuir)
pie – pi (torta; 3,1416)
pier – peer (cais; companheiro)
piste – pieced (pista de esqui; pass. de piece: emendar)
plain – plane (simples; nível: plano)
plait – plate (trança; prato)
plural – pleural (plural; pleural)
pole – poll (poste; enquete)
pore – pour (matutar; verter)
practice – practise (treino; praticar)
praise – prays (elogiar; pl. de pray: oração)
pray – prey (orar; presa)
principal – principle (chefe; princípio)
profit – prophet (lucro; profeta)

Q R

quartz – quarts (quartzo; medida de liquid: quarto)
quire – choir (papelada; coro)
rack – wrack (engradado; destruição)
rain – reign (chuva; reino)
raise – rays (elevar; pl. de ray: raio de luz)
raise – raze (elevar; demolir)
rap – wrap (batida; embrulhar)
ray – re (raio; tom: ré)
read – reed (ler; junco)
red – read (vermelho; pass. de read: ler)
real – reel (real; carretel)
rest – wrest (repousar; distender)
review – revue (rever; show: revista)
rigger – rigor (navio: armador; rigor)
right – write (correto; escrever)
right – rite (correto; ritual)
ring – wring (anel; retorcer)
road – rode (estrada; pass. de ride: montar)
roam – Rome (vagar; cidade: Roma)
role – roll (função; rolar)
root – route (raíz; rota)
rose – rows (rosa; pl. de row: fileira)
rough – ruff (áspero; tira franzida: rufo)
row – roe (fileira; corça)
rye – wry (centeio; irônico)

S

sale – sail (venda; velejar)
scene – seen (cena; part. pass. de see: ver)
sea – see (mar; ver)
seed – cede (semente; ceder)
seller – cellar (vendedor; porão)
scull – skull (gingar; crânio)
seam – seem (costura; parecer)
serf – surf (servo; arrebentação)
serge – surge (tecido: sarja; arranco repentino)
shake – sheik (sacudir; chefe)
shoot – chute (atirar; rampa)
side – sighed (lado; pass. de sigh: suspirar)
sight – site (visão; local)
site – cite (local; citar)
slay – sleigh (assassinar; trenó)
slight – sleight (delicado; destreza)
soar – sore (planar; ferido)
sole – soul (único; alma)
some – sum (algum; soma)
son – sun (filho; sol)
soot – suit (fuligem; terno)
sow – sew (semear; costurar)
sower – sewer (semeador; encanamento)
stair – stare (degrau; encarar)
stake – steak (estaca; bife)
stationary – stationery (estacionário; artigos de escritório)
straight – strait (direto; estreito)
steal – steel (roubar; aço)
step – steppe (passo; estepe)
stile – style (escada: lance; estilo)
story – storey (narrativa; andar de um prédio)
suite – sweet (suíte; doce)
summary – summery (resumo; de verão)
sundae – Sunday (uma sobremesa; domingo)

T

tail – tale (rabo; lenda)
tare – tear (tara; rasgar, lágrima)
taut – taught (tenso; pass. de teach: ensinar)
tax – tacks (imposto; pl. de tack: tachinha)
tea – tee (chá; golfe: pino)
tea – ti (chá; tom: si)
team – teem (grupo; enxamear)
their – there (poss.: dele/s, dela/s; lá)
their – they're (poss.: dele/s, dela/s; redução de they are)
threw – through (pass. de throw: lançar; através)
throne – thrown (trono; pass. de throw: lançar)
tear – tier (rasgar; alinhamento)
tic – tick (cacoete; ticar)
tide – tied (maré; pass. de tie: atar)
titan – tighten (titã; apertar)
to – two (em direção a; dois)
to – too (em direção a; também)
toe – tow (dedo, ponta; arrastar)
told – towed (pass. de tell: contar; pass. de tow: arrastar)
told – toad (pass. de tell: contar; sapo)
troop – troupe (tropa; trupe)
trust – trussed (confiar; pass. de truss: amarrar)
tuff – tough (tufo vulcânico; difícil)
turn – tern (virar; andorinha-do-mar)

U V

urn – earn (urna; ganhar)
vein – vain (veia; sem sucesso: vão)
veil – vale (véu; vale)
vial – vile (frasco; vil)
vial – viol (frasco; viola)
vice – vise (vício; torno)

W Y

wail – whale (lamento; baleia)
waist – waste (cintura; lixo)
wait – weight (esperar; sobrecarregar)
walk – wok (andar; panela oriental)
war – wore (guerra; pass. de wear: usar)
warn – worn (avisar; part. pass. de wear: usar)
warranty – warrantee (garantia; quem recebe a garantia)
worship – warship (venerar; navio de guerra)
wave – waive (onda; direito: desistir)
way – weigh (caminho; pesar)
way – whey (caminho; leite: soro)
weak – week (fraco; semana)
wear – where (usar; onde)
we'd – weed (redução de we would; erva daninha)
we'll – whell (redução de we will; roda)
we've – weave (redução de we have; tecer)
which – witch (que, qual; bruxa)
while – wile (enquanto; truque)
whole – hole (inteiro; buraco)
whose – who's (cujo; redução de: who is)
why – wye (por quê?; letra: Y)
wine – whine (vinho; queixume)
wood – would (madeira; condicional de will)
woe – whoa (infortúnio; interj.: Para!)
write – right (escrever; correto)
yoke – yolk (máquina: ligação; gema)
you'll – yule (redução de: you will; Natal)
your – you're (posse: seu/s, sua/s; redução de you are)
your – yore (posse: seu/s, sua/s; outrora)

TOP WORD GROUPS

Algumas palavras, quando usadas em **pares ou grupos**, aparecem sempre em uma determinada ordem. São um tipo de collocation (palavras que ficam juntas). Podem receber nomes complicados (Nonreversible Word Pairs, Idiomatic Pairs, Binomials, Trinomials) mas, são de fácil identificação e memorização. As mais usadas estão apresentados a seguir, em ordem alfabética.

A

a year and a day (um ano e um dia)
above and beyond (para o alto e além)
aches and pains (achaques)
action and reaction (ação e reação)
addition and subtraction (adições e subtrações)
again and again (repetidamente)
alive and kicking (com boa saúde)
alive and well (vivo e bem-disposto)
all in all (no geral)
all-in-one (três-em-um)
all or nothing (tudo ou nada)
always and forever (para todo o sempre)
an arm and a leg (os olhos da cara)
an eye for an eye (olho por olho)
apples and oranges (alhos com bugalhos)
arm in arm (ombro a ombro)
armed and dangerous (armado e perigoso)

B

back and forth (de um lado para o outro)
back to back (com a pulga atrás da orelha)
back to front (de trás para frente)
bacon and eggs (bacon com ovos)
bag and baggage (de mala e cuia)
ball and chain (mala sem alça)
bed and breakfast (meia-pensão)
beginning to end (do começo ao fim)
better or worse (melhor ou pior)
(between a) rock and a hard place (entre o fogo e a frigideira)
(between the) devil and the deep blue sea (entre a cruz e a espada)
big and bad (grande coisa)
bigger and better (maior e melhor)
bit by bit (pouco a pouco)
bits and pieces (de tudo um pouco)
black and blue (todo roxo)
black and white (preto e branco)
blood and guts (extrema violência)
body and soul (de corpo e alma)
bold and beautiful (forte e belo)
bottle and glass (a corda e a caçamba)
bow and arrow (arco e flecha)
boys and girls (rapazes e garotas)
bread and butter (pão com manteiga)
bread and circuses (pão e circo)
bread and water (pão com água)
bricks and mortar (de carne e osso)
bride and groom (noiva e noivo)

brown and serve (cru e quente)
buy and sell (comprar e vender)
by and by (daqui a pouco)
by and large (em termos gerais)
by hook or by crook (de um jeito ou de outro)

C

car and driver (carro e motorista)
cash and carry (pague e leve)
cats and dogs (cães e gatos; toró)
cat and mouse (gato e rato)
church and state (Igreja e Estado)
clean and tidy (limpo e em ordem)
cloak and dagger (de capa e espada)
closer and closer (cada vez mais perto)
coat and tie (terno e gravata)
collar and tie (traje social)
come and go (ir e vir)
(come) hell or high water (aconteça o que acontecer; chova ou faça sol; seja lá o que for)
coming and going (indo e vindo)
cookies and cream (leite e biscoito)
cops and robbers (polícia e ladrão)
cowboys and Indians (caubóis e índios)
cup and saucer (xícara e pires)
cut and dried (encerrado)
cut and paste (recorta e cola)
cut and run (abandonar o barco)

D

day and night (dia e noite)
day by day (dia após dia)
day in, day out (dia sim, dia não)
day in and day out (entra dia e sai dia)
day to day (dia a dia)
dead and buried (morto e enterrado)
dead and gone (fora de época)
dead or alive (vivo ou morto)
deaf and dumb (surdo e mudo)
death and destruction (destruição e morte)
divide and conquer (dividir e conquistar)
do or die (ou vai ou racha)
dog and bone (unha e carne)
dog eat dog (briga de cachorro grande)
dogs and cats (cães e gatos)
dos and don'ts (regras)
down and out (na rua, sem teto)
down below (no inferno)
dressed to kill (vestida para matar)
(in) dribs and drabs (pouco a pouco)
drink and drive (beber e dirigir)
drop dead (cair morto)
dusk till dawn (do crepúsculo até o amanhecer)

E

each and every (todo)
ebb and flow (fluxo e refluxo)
ebony and ivory (ébano e marfim)
elbow to elbow (ombro a ombro)
end to end (de ponta a ponta)
every now and again (de vez em quando)
(an) eye for an eye (olho por olho)
eye to eye (do mesmo jeito)
eyes and ears (olhos e ouvidos)

F

face to face (cara a cara, frente a frente)
fair and square (justo e honesto)
fast and furious (rápido e furioso)
feast or famine (banquete ou inanição)
fight or flight (lutar ou fugir)
fight tooth and nail (lutar com unhas e dentes)
fingers and thumbs (pisar em ovos)
fire and ice (fogo e gelo)
first and foremost (antes de tudo)
fish and chips (peixe e batata frita)
flesh and blood (unha e carne)
flesh and bone (unha e carne)
floor to ceiling (do chão ao teto)
flora and fauna (flora e fauna)
food and drink (comes e bebes)
for days and days (por dias e dias)
for years to come (por muitos anos futuros)
forever and a day (para sempre)
forever and ever (para todo o sempre)
forgive and forget (esquecer e perdoar)
four-by-four (quatro por quatro, 4x4)
free and clear (livre e limpo)
friend or foe (amigo ou inimigo)
from ear to ear (de orelha a orelha)
from age to age (ao longo da história)
from bad to worse (de mau a pior)
from coast to coast (de costa a costa)
from first to last (do começo ao fim)
from hour to hour (de hora em hora)
from rags to riches (da pobreza à riqueza)
from time to time (de tempos em tempos)
fun and games (diversão e jogos)
fur and feathers (pele e penas)

G

gentle or simple (gentil ou simples)
ghosts and goblins (fantasmas e duendes)
give and take (toma lá dá cá)
goals and aspirations (objetivos e aspirações)
good and bad (bom e ruim)
good and evil (bem e mal)
good and ready (bom e pronto)
good and plenty (bom e abundante)
(all) in good time (tudo a seu tempo)

H

ham and eggs (presunto e queijo)
hand and foot (mãos e pés)
hand in hand (de mãos dadas)
hand to hand (corpo a corpo)
hand to mouth (ao deus-dará, uma mão na frente e outra atrás)
happy and sad (alegre e triste)
hard and fast (rigoroso)
head and shoulders (cabeça e ombros)
head or tail (cara ou coroa)
head over heels (de ponta cabeça)
head to foot (da cabeça aos pés)
head to tail (de cabo a rabo)
heart and soul (alma e coração)
heart to heart (coração a coração)
hearth and home (lar)
hearts and minds (corações e mentes)
heaven and earth (céu e terra)
heaven and hell (céu e inferno)
herbs and spices (ervas e temperos)
here and now (aqui e agora)
here and there (aqui e ali)
hide and seek (esconde-esconde)
high and dry (encalhado)
high and low (altos e baixos)
higher and higher (cada vez mais alto)
him and her (a ele e a ela)
his and hers (dele e dela)
hit and run (atropela e foge)
hit or miss (ao acaso)
home and dry (em casa e seco)
home sweet home (lar doce lar)
horror of horrors (horror dos horrores)
hot and bothered (preocupado e confuso)
hot and cold (quente e frio)
hour to hour (de hora em hora)
house and home (casa e lar)
huff and puff (sem fôlego)
hugs and kisses; XOXO (abraços e beijos)
hunger and thirst (fome e sede)

I J K

in sickness and in health (na saúde e na doença)
ins and outs (os prós e os contras)
intents and purposes (intenções e propostas)
in the long run (no final das contas; mais cedo ou mais tarde)
join the club (bem-vindo ao clube)
kill or be killed (matar ou morrer)
kill or cure (mata ou cura)
king and queen (rei e rainha)
king of kings (rei dos reis)
kiss and make up (fazer as pazes)
kith and kin (parentela)
knife and fork (garfo e faca)

L

ladies and gentlemen (senhoras e senhores)
lakes and streams (lagos e córregos)
land and sea (terra e mar)

last but not least (por fim mas não menos importante)
last will and testament (última vontade e testamento)
last words (última palavras)
law and order (lei e ordem)
leaps and bounds (a olhos vistos)
left and right (direita e esquerda)
less and less (cada vez menos)
let bygones be bygones (esquecer o passado)
life and death (vida e morte)
little by little (pouco a pouco)
live and learn (vivendo e aprendendo)
live and let live (viva e deixe viver)
lost and found (achados e perdidos)
loud and clear (alto e claro)
louder and louder (cada vez mais alto)
love and hate (amor e ódio)
love and war (amor e guerra)
love it or leave it (ame-o ou deixe-o)

M

macaroni and cheese (macarrão com queijo)
make do (arranjar-se como possível)
make or break (ou vai ou racha)
man and boy (homem e menino)
man and wife (marido e mulher)
man to man (de homem para homem)
measure for measure (proporcionalmente)
meat and potatoes (o básico)
meek and mild (meigo e suave)
milk and honey (leite e mel)
mix and match (misturar e combinar)
mom and pop (papai e mamãe)
more and more (cada vez mais)
more or less (mais ou menos)
mouth to mouth (de boca em boca)

N

names and faces (nomes e rostos)
naughty or nice (malcriado ou simpático)
near and far (perto e longe)
neat and tidy (limpo e em ordem)
neck and neck (emparelhados)
needle and thread (agulha e linha)
neither fish nor fowl (nem peixe nem caça)
neither here nor there (nem aqui nem lá)
neither love nor money (nem amor e nem dinheiro)
never say never (nunca diga nunca)
new and old (novo e velho)
night and day (noite e dia)
nine eleven (onze de setembro)
nip and tuck (quase empatados)
no ifs, ands, or buts (sem condições e sem desculpas)
no more and no less (nem mais nem menos)
north to south (de norte a sul)
nose to nose (frente a frente, cara a cara)
not in the least (de modo algum)
noughts and crosses (jogo da velha)
now and again (de vez em quando)
now and forever (agora e para sempre)
now and then (de vez em quando)
now or never (agora ou nunca)
null and void (sem validade)
nuts and bolts (aspectos práticos)

O

odds and ends (bugigangas)
on and off (de vez em quando)
on and on (continuadamente)
once and for all (de uma vez por todas)
one to one (um a um)
on pins and needles (nervoso)
open and shut (resolvido)
over and done with (farto, cansado)
over and over (repetidamente)

P Q

pain and suffering (dor e sofrimento)
park and ride (estacionamento interligado a transporte público)
peace and quiet (paz e sossego)
peanut butter and jelly (manteiga de amendoim e geleia)
peas and carrots (ervilhas e cenouras)
peas in a pod (parecidos; cara de um, focinho de outro)
pen and ink (caneta e tinta)
pen(cil) and paper (lapis e papel)
pick and choose (selecionar)
pillar to post (de um lado para o outro)
plain and simple (pura e simplesmente)
pros and cons (prós e contras)
publish or perish (publicar ou perecer)
pure and simple (pura e simplesmente)
push and pull (puxa-empurra)
question and answer (pergunta e resposta)
quick and dirty (rápido e sujo)
quick bite (lanche rápido)

R

rain or shine (chova ou faça sol)
rain cats and dogs (chover muito)
read and write (ler e escrever)
religion and politics (religião e política)
Republicans and Democrats (republicanos e democratas)
rest and relaxation (descanso e relaxamento)
rhyme or reason (bem explicado)
right and left (direita e esquerda)
right and wrong (certo e errado)
rise and fall (ascensão e queda)
room and board (alojamento e refeições)
rough and ready (improvisado)
rough and tumble (irregular e confuso)
round and round (voltas e mais voltas)
run and jump (correr e saltar)

S

safe and sound (sãos e salvos)
saints and sinners (santos e pecadores)
salt and pepper (sal e pimenta)
savings and loan (poupança e crédito)
search and destroy (buscar e destruir)
seven-eleven (aberto das 7:00 às 11:00)
short and sweet (curto e grosso)
shoulder to shoulder (ombro a ombro)
show and tell (mostrar e falar)
sick and tired (cansado de)
side by side (lado a lado)
signs and signals (sinalização)
sink or swim (afundar ou nadar)
skin and bone(s) (pele e ossos)
skull and bones (caveira e ossos)
slash and burn (derrubada e queimada)
soap and water (água e sabão)
socks and shoes (sapatos e meias)
sooner or later (mais cedo ou mais tarde)
sound and fury (som e fúria)
stand and deliver (declarar)
stars and stripes (estrelas e listras)
step by step (passo a passo)
sticks and stones (paus e pedras)
strange but true (estranho mas verdadeiro)
such and such (tal e tal)
supply and demand (demanda e consumo)
sweet and sour (doce e azedo)

T

tables and chairs (mesas e cadeiras)
take it or leave it (pegar ou largar)
the chicken or the egg (o ovo ou a galinha)
thick and thin (circunstância; no bem e no mal)
(this) day and age (nossos dias; época)
this or that (isto ou aquilo)
thunder and lightning (raios e trovões)
time after time (hora após hora)
tit-for-tat (olho por olho)
to and fro (prá lá e prá cá)
tooth and nail (com unhas e dentes)
top to bottom (de cima a baixo)
toss and turn (agitar-se)
touch and go (vá em frente)
town and country (cidade e país; território)
track and trace (localizar e seguir)
trial and error (acerto e erro)
trick or treat (doce ou travessura)
tried and tested (testado e comprovado)
24/7 (24 horas 7 dias por semana)
two by two (dois a dois)
two or more (dois ou mais)

U V W

up and about (de volta à vida normal)
up and down (para cima e para baixo)
ups and downs (altos e baixos)
victory and defeat (vitória ou derrota)
vim and vigor (força e vigor)
wait and see (espere e verás)
war and peace (guerra e paz)
wash and wear (lavar e vestir)

ways and means (formas e meios)
wear and tear (desgaste)
wet and wild (molhado e selvagem)
whinge and whine (queixar e lamentar)
whistle and flute (chupar cana e assobiar)
wild and wooly (selvagem e sem lei)
willy-nilly (indiscriminadamente, à toa)
win or lose (ganhar ou perder)
wind and rain (vento e chuva)
wine and dine (levar alguém a um bom restaurante)
wine and cheese (queijo e vinho)
wine and roses (vinho e rosas)
(without) rhyme or reason (sem pé nem cabeça)
woman to woman (de mulher para mulher)
(a) word to the wise (conselho de amigo)

X Y Z

x-rated (classificado para adultos)
yea and amen (concordar com tudo)
year-round (o ano todo)
yes and no (sim e não)
yes or no (sim ou não)
zeroes and ones (zeros e uns)
zero hour (hora zero)

Este livro foi composto nas fontes AW Conqueror e Kepler Condensed
e impresso em abril de 2017 pela Paym Gráfica e Editora Ltda.,
sobre papel offset 75g/m^2.